청소년을 위한
톡톡! 튀는 마케팅 이야기

# 아빠, 마케팅이 뭐예요?

# 아빠, 마케팅이 뭐예요?

제1판 제1쇄 발행 2014년 11월 25일

지은이 심윤섭
펴낸이 임용훈

기획 서정 Agency(www.seojeongcg.com)
마케팅 양총희, 오미경
편집 전민호
용지 (주)정림지류
인쇄 현대인쇄공사
표지인쇄 예일정판
제본 동신제책사

펴낸곳 예문당
출판등록 1978년 1월 3일 제305-1978-000001호
주소 서울시 동대문구 답십리2동 16-4(한천로 11길 12)
전화 02-2243-4333~4
팩스 02-2243-4335
이메일 master@yemundang.com
블로그 www.yemundang.com
페이스북 www.facebook.com/yemundang
트위터 @yemundang

ISBN 978-89-7001-573-6 43320

＊ 이 도서의 국립중앙도서관 출판시도서목록(CIP)은 e-CIP홈페이지(http://www.nl.go.kr/ecip)와
  국가자료 공동목록시스템(http://www.nl.go.kr/kolisnet)에서 이용하실 수 있습니다.
  (CIP제어번호:CIP 2014031873)

청소년을 위한
톡톡! 튀는 마케팅 이야기

# 아빠, 마케팅이 뭐예요?

심윤섭 지음

예문당

# 아무리 꼭꼭 숨어도
# 마케팅은 늘 우리 곁에 있다

오늘 여러분은 어떤 물건을 샀나요? 언제부터인가 TV 광고에 나오는 중독성 있는 그 노래를 나도 모르게 흥얼거리고 있지는 않나요? 친구들 사이에 유행이 된 그 브랜드의 옷을 나도 따라 사야만 할 것 같지는 않은지요? 아침에 눈을 뜨자마자 사용하는 치약에서 저녁에 머리 감을 때 쓰는 샴푸까지, 등굣길에 신고 가는 신발에서 방과 후 무심코 들러서 사 먹는 편의점의 삼각 김밥과 음료수까지, 여러분이 아무리 꼭꼭 숨어도 마케팅은 늘 우리 곁에 있습니다.

제품을 판매하는 회사는 자신들의 상품이 최고라며 쉴 새 없이 우리를 설득하고 유혹합니다. 때문에 우리는 광고에 나오는 노래를 흥얼거리고, 멋진 아이돌을 흉내 내고, 그들이 사용하는 제품을 써 보고 싶어 하죠. 그래서 언젠가 꼭 사겠다고 마음먹고는 부모님에게 떼를 쓰기도 합니다. 하지만 원하는 것을 손에 넣어도 좋은 기분이 생각만큼 오래 가지는 않습니다. 왜냐고요? 신제품은 계속 나오고 이전보다 더 좋은 제품이라고 마케팅을 하기 때문입니다. 우리가 아무리 꼭꼭 숨어도 마케팅은 늘 우리 곁에 있습니다.

마케팅은 경영학과 심리학이 만나는 아주 매력적인 분야입니다. 마케팅은 사람들의 마음을 판매자가 원하는 방향으로 유도하고 나아가서는 제품에 열광하도록 만듭니다. 눈에 아른거리게 하고, 사고 싶어 견딜 수 없도록 만들며, 자신도 모르게 그 제품을 선택하게 만듭니다. 정말 매력적이지 않나요?

이제 여러분도 이 책을 읽게 됨으로써 마케팅에 대해 이해하고 마케팅의 원리를 각자의 삶에 적용해 볼 수 있습니다. 더불어 몇 가지 특별한 지혜까지 덤으로 얻게 될 것입니다.

첫째, 마케팅에 대한 이해와 사회를 바라보는 성숙한 안목을 갖게 될 것입니다. 늘 우리 곁에 있는 마케팅을 이해하게 됨으로써 보다 성숙한 사회인으로 성장하고 세상을 보는 안목과 넓은 시야를 제공할 것입니다.

둘째, 소비의 주인이 되어 인생의 중심을 바로 잡을 수 있습니다. 끊임없는 마케팅의 유혹 속에서도 스스로 판단하고 결정하게 도와줌으로써, 소비의 노예가 아닌 소비의 주인이 되도록 해줄 것입니다.

셋째, 마케팅을 자신의 삶에 적용하여 성장을 이룰 수 있습니다. 마케팅의 원리를 나에게 적용해 봄으로써 자신의 미래를 설계하고 자신의 장점을 강화시켜 당당한 사회인으로 성장하는데 큰 도움을 줄 것입니다.

자, 이제 마케팅의 멋지고 흥미진진한 세계로 한번 들어가 볼까요?

# 차 례

## 1장
### 마케팅 이해하기

## 2장
### 마케팅과 인간의 심리

## 3장
### 마케팅과 제품 (Product)

미래
## 중학교 2학년 여자아이

엄마처럼 멋진 커리어우먼이 되기를 희망하고, 아빠처럼 해박한 지식을 갖고 싶어 한다. 대학에서 마케팅을 깊이 공부할 수 있는 경영학과에 입학하기를 희망하고 있으며, 졸업 후에는 마케팅을 전문적으로 해볼 수 있는 회사나 부서에 몸담겠다는 뚜렷한 목표를 가지고 있다. 엄마를 닮아서 명랑하고 마케팅에 대한 지적 호기심과 탐구력이 뛰어나다.

아빠
## 40대 중반의 마케팅 전문가

대학에서 경영학을 전공하고, 졸업 후 10년 동안 마케팅 부서에서 일했다. 이후에는 자신의 사업을 통해 직접 몸으로 부딪쳐 마케팅을 경험하고 결과를 만들어 낸다. 이런 체험을 토대로 마케팅 컨설팅 회사를 성공적으로 운영하고 있는 문무를 겸비한 실력가이다.

엄마
## 40대 초반의 광고회사 카피라이터

대학에서 심리학을 전공했고 글쓰기를 좋아한다. 자신의 전공과 좋아하는 글쓰기를 모두 할 수 있는 카피라이터로 활발한 활동을 하고 있다. 통통 튀는 아이디어가 많고, 활력 넘치는 성격의 멋진 커리어우먼이다.

# 1장

# 마케팅
# 이해하기

마케팅 없이는
아무것도 팔 수 없다고요?

## 마케팅의 정의와 중요성

> 미래는 학교에서 진행하는 일일 벼룩시장에 다녀왔다. 평소에 아끼던 물건 몇 개를 판매하려고 갔는데 모두 팔기까지 무척 애를 먹었다. 그런데 건너편에 있던 친구 수영이는 시작한 지 한 시간도 채 안 돼서 가지고 온 물건을 몽땅 팔아버렸다. 도대체 무슨 차이가 있었을까? 미래는 아빠에게 여쭤보기로 했다.

● 다녀왔습니다!

● 그래, 고생했다. 오늘 벼룩시장 있다더니 잘 했어?

● 아니요. 사실 너무 힘들었어요.

● 왜? 날씨가 더워서?

● 날씨는 참을 만했는데 물건을 파는 게 그렇게 어려운 줄은 몰랐어요.

● 남에게 무언가를 판다는 게 생각보다 쉽지 않지?

● 네. 그런데 정말 알 수 없는 게 하나 있어요.

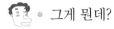 그게 뭔데?

제 친구 수영이 아시죠? 수영이가 바로 제 맞은편에서 물건을 팔았거든요. 그런데 세상에 한 시간도 안 돼서 다 팔고 가버리는 거 있죠. 얼마나 힘이 빠지던지…….

오호~ 대단한데? 정말 우리 미래가 힘이 많이 빠졌겠구나.

저도 나름 열심히 했는데 왜 수영이가 훨씬 잘 판 걸까요?

우선 몇 가지만 물어보자. 수영이가 벼룩시장에서 판 물건은 어떤 것들이었어?

음……, 뭐 저하고 비슷했어요. 헌 책이랑 필통, CD, 장갑, 양말 같은 것들이요. 특별한 건 없었는데요?

물건은 서로 엇비슷했단 말이지? 그럼 하나 궁금한 게 있는데, 수영이가 물건을 팔 때 너와 다르거나 눈에 띄는 행동을 하지는 않았니?

아! 수영이는 큰소리로 사람들을 불렀어요. "여기 와보세요!" "지금부터 폭탄 세일입니다!" 이렇게 사람들에게 소리를 질러서 관심을 끌었어요.

그럼 너는 어떻게 했는데?

저는 구경하러 오는 사람들이 물건이나 가격에 대해서 물어보면 그때만 대답을 해줬죠.

 또 다른 특징은 없었고?

그러고 보니 수영이는 제품 이름과 가격을 예쁜 종이에 써서 물건마다 올려놨던 것 같아요. 그리고 노란색 팻말을 만들어서 '수영이네 집'이라고 써놓고는 물건을 여러 개 사면 할인을 해준다는 내용도 적었던 것 같아요.

그랬구나! 이제야 알겠다. 아빠가 보기에 수영이는 마케팅을 참 잘하는 아이인 것 같아.

마케팅이요? 아빠, 마케팅이 뭐예요?

마케팅이란 '물건이나 서비스가 고객에게 효과적으로 옮겨가도록 돕는 모든 활동'을 말한단다. 쉽게 말해서 고객이 물건이나 서비스를 구매하도록 유도하는 활동을 말하지.

그러니까 수영이가 큰 소리로 사람들을 불러 모으고, 노란색 팻말을 만들고, 가격표를 놓은 모든 것이 마케팅이었네요.

그래. 수영이는 마케팅을 참 잘했고, 그래서 판매도 훨씬 좋았던 거야.

말씀을 들어보니 제가 수영이보다 판매가 힘들었던 이유가 있었네요. 수영이는 마케팅을 했고, 저는 전혀 안 한 거군요.

그렇지. 마케팅 없이는 아무것도 팔 수 없단다. 아무리 좋은 물건이라도 사람들이 그 물건에 관심을 보이지 않는다면 팔수 없기 때문이지.

이제야 마케팅이 무엇인지 배운 것 같아요. 왠지 좀 부끄러워지는데요.

괜찮아. 다음에도 기회가 분명히 있을 테니 그때까지 마케팅 계획을 철저히 세워서 도전해보렴.

예, 그래야겠어요. 마케팅의 뜻도 알고 중요성도 알았으니 다음 벼룩시장에서는 저도 한 시간 안에 모든 물건을 다 팔 거예요!

그래! 미래도 수영이처럼 멋지게 판매에 성공하길 바랄게.

파이팅!

① 고객이 물건이나 서비스를 구매하도록 유도하는 활동.

② 물건이나 서비스가 고객에게 효과적으로 옮겨가도록 돕는 모든 활동.

③ 물건이나 서비스가 생산자로부터 소비자에게로 옮겨가는데 관여되는 활동들.

(출처: www.merriam-websters.com)

마케팅이
필요한 이유가 궁금해요

## 마케팅의 목적

바자회를 다녀온 후 마케팅 없이는 아무것도 팔 수 없다는 것을 알게 된 미래. 그래서 다음 기회에는 마케팅을 제대로 활용해서 물건을 훨씬 잘 팔겠다고 마음먹는다.

그런데 미래에게 궁금한 것이 하나 더 생겼다. 마케팅이 물건을 판매할 때에만 필요한 것인지, 아니면 다른 경우에도 필요한 것인지 알고 싶었다.

아빠! 저번에 마케팅 없이는 아무것도 팔 수 없다고 하셨잖아요.

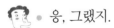

응, 그랬지.

그럼 마케팅은 물건을 판매할 때만 필요한 것인가요? 아님, 다른 목적으로도 필요할 때가 있나요?

아주 좋은 질문이구나. 마케팅은 주로 물건을 판매할 때 많이 활용되기 때문에 판매와 밀접한 관련이 있단다. 하지만 물건이 아닌 서비스, 인물, 가치를 알리고 의도한 방향으로 사람들의 마음을 움직이게 하는데도 많이 활용되지.

그렇구나. 그런데 서비스, 인물, 가치는 뭔지 잘 모르겠어요.

항공사를 한번 예로 들어보자. 미래는 비행기를 타고 여행 가는 것을 좋아하지?

그럼요. 특히 친절한 승무원과 맛있는 기내식은 최고죠!

방금 네가 말한 것이 바로 '서비스'란다. 항공사의 광고를 자세히 보면 쉽게 알 수 있는데, 항공사들은 대부분 남들과 다른 서비스를 제공한다는 광고를 내세우지.

가만히 생각해 보니 아빠 말씀이 맞네요. 친절하고, 편안하고, 편리하다는 점을 주로 강조하는 것 같아요.

인물도 마찬가지란다. 특히 선거철에는 인물에 대한 마케팅을 쉽게 접할 수 있어.

그러니까 후보들은 자기 자신을 알리기 위해 더 열심히 마케팅을 한다는 말씀이시죠?

그렇지. 이처럼 마케팅은 물건을 판매하기 위해서만 존재하는 것이 아니란다. 어떤 '인물'에 대해 사람들이 더 자세히 알고 좋은 느낌을 가질 수 있도록 하는데도 마케팅은 꼭 필요해. 대통령 선거가 아주 좋은 사례지.

아빠 말씀대로 선거 때가 되면 인물에 대한 마케팅을 많이 접하는 것 같아요. 은근 재미도 있는 것 같고요. 그렇다면 '가치'를 알리는 마케팅에는 어떤 것이 있을까요?

아주 쉬운 예가 있지. 미래도 들어보면 금방 알 걸? "OOO가 만들면 다릅니다."

아, 저도 생각나요.

그래. 이것은 어떤 제품을 만들어도 그 회사가 만들면 더 좋다는 말이지. 특정한 제품을 마케팅한 것이 아니라 그 회사의 능력을 마케팅한 거야. 한마디로 가치를 마케팅했다고 할 수 있지.

그래서인지 그 회사가 만든 제품이라면 믿음이 가던데요. 이게 바로 저도 모르게 마케팅에 영향을 받은 건가요?

그렇다고 할 수 있지. 하지만 제대로 만들 자신이 없다면 마케팅도 하지 않았겠지? 최근에는 이처럼 상품을 직접적으로 마케팅하는 것보다 가치를 알리는 마케팅을 하는 기업들이 많아지고 있단다.

아빠, 갑자기 생각이 났는데요. 바닷물을 먹는 물로 만들어준다는 기업 말이에요.

응, 알지.

그 기업도 확실히 가치를 마케팅하는 거네요. 물이 부족한 지역에 식수가 콸콸 나올 수 있도록 도움을 주는 특별한 가치 말이에요.

그렇단다. 자신들이 보유한 기술로 어려운 처지에 놓인 사람들에게 희망을 주고 있다면 남다른 가치를 만들어 내고 있다고 볼 수 있지. 이야~, 우리 미래 벌써 마케팅에 대해 감을 잡은 것 같은데?

그런데 가치를 마케팅하면 기업에게는 어떤 점이 유리한가요? 물건을 팔려면 상품을 마케팅해야 하지 않나요?

한번 생각해보렴. 좋은 물건, 좋은 제품이라는 마케팅은 너무 흔하지 않니? 하루에도 수십 번씩 그런 소리를 TV, 이메일, 신문, 라디오를 통해서 듣고 있잖아.

맞아요. 저도 솔직히 조금은 질리기도 하고, 모두 똑같은 소리를 하는 것 같다는 느낌이 들어요.

그런 점에서 가치를 마케팅하는 것은 매우 효과적인 방법이란다. 억지로 물건을 사라고 떠미는 느낌이 들지 않고, 기업에 대한 좋은 느낌이 들도록 하지.

그러니까 결국 기업에 대한 좋은 느낌이 소비로 연결된다는 말씀이시죠?

빙고! 바로 그거야.

이제 마케팅이 서비스, 인물, 가치를 알리고 활용된다는 점을 알 것 같아요.

고객이 물건이나 서비스를 구매하도록 유도하는 것이 마케팅의 주요 목적이다. 그래서 제품을 내세우는 것이 일반적이다. 냉장고를 마케팅한다면 냉장고라는 제품을 내세워야 한다. 하지만 인물을 내세우며 인물을 알리는 경우도 있다. 주로 선거 캠페인이 그렇다. 이 경우 인물의 능력이나 성품을 내세우며 마케팅하지만 결국 유권자의 표를 얻는 것이 목적이다.

마케팅의 첫 단추는
눈치 보기

## 시장조사와 기회포착

> 친한 친구 수영이가 반장선거에 도전한다. 미래는 수영이를 도와 주기로 하고는 다른 친구들의 의견을 들어보고 눈치를 살펴 적절한 연설문과 선거 공약을 만들었다. 그런데 엄마와 아빠는 수영이와 미래가 하려는 이 모든 것이 마케팅과 관련이 있다고 하신다.

엄마! 혹시 거실 책꽂이 옆에 있던 노란색 파일 못 보셨어요?

● 어제까지 엄마가 봤는데? 혹시 네 방 옷장 위에 올려두었는지 살펴보렴. 너 가끔 중요한 물건은 거기에 놓잖니.

잠깐만요. 어? 여기 있네. 엄마 고마워요.

● 아침부터 급히 찾는 걸 보니 중요한 건가 봐?

수영이가 이번에 반장선거에 나가거든요. 그래서 제가 도와 주기로 했어요.

● 잘 생각했구나. 수영이와 호흡을 맞춰서 최선을 다해 도와 주렴. 그런데 네가 맡은 일은 뭐니?

저는 선거 준비를 집중적으로 도와주기로 했어요. 선거 공약이 제일 중요하기 때문에 신경을 많이 쓰고 있고요.

어떤 공약이 나올지 엄마도 궁금해지는데? 조금 말해줄 수 있니?

사실은 아직 친구들 눈치만 좀 살피는 중이에요. 어떤 것이 가장 필요한지, 불만이나 요구사항은 무엇인지 친구들을 상대로 사전조사도 해보고 있어요.

수영이와 미래가 마케팅 준비를 철저히 하고 있구나.

마케팅 준비요? 우린 마케팅까지 생각하지는 못했는데요.

지금 네가 친구들을 상대로 사전조사를 하고 눈치를 본다고 하지 않았니?

그랬죠. 사전조사를 해서 친구들의 마음을 알아야 선거에서 이기잖아요? 그리고 다른 후보자가 어떤 공약을 내세울지도 잘 살펴보지 못하면 우리가 식상한 공약을 내세워서 질 수도 있고요. 이게 다 눈치를 잘 봐야 할 수 있는 거예요.

바로 그렇게 사전에 조사를 하고 눈치를 보는 것이 마케팅의 첫 단추란다! 보통 '시장조사'라고 하지. 물건이나 서비스가 잘 팔리게 하려면 소비자의 의견을 미리 들어보고 정보를 구하는 것이 필요해. 마찬가지로 수영이가 반장이 되려면 친구들의 의견을 미리 들어보고 필요한 것을 공약으로 내세울 수 있어야 하지 않을까?

제가 정보를 얻기 위해서 친구들을 대상으로 하는 조사가 마케팅에서는 시장조사와 같다는 말씀이시죠?

그렇단다. 시장조사는 마케팅의 첫 단추야. 그럼 이제 미래는 어떻게 친구들을 대상으로 사전조사를 할 계획이니?

먼저 친구들에게 설문지를 돌리려고 해요.

어떤 설문을 하려고 하는데?

생활하면서 가장 불편한 것은 무엇인지, 친구들끼리 서로 희망하는 것은 무엇인지, 후보자가 마음에 드는지 아닌지 등을 질문할 거예요.

우리 미래가 아주 잘 준비한 모양이구나. 그렇게 조사를 한 다음에는?

친구들이 필요로 하거나 희망하는 것이 있으면 공약에 넣어야죠. 그래야 피부에 와 닿는 공약이 될 테니까요.

좋은 생각이구나. 그런데 만약 수영이가 반장 후보로 마음에 들지 않는다는 친구가 많이 나오면 어떻게 할 거니?

솔직히 그게 제일 고민이에요. 분명히 다른 후보자가 있기 때문에 전부 마음에 든다고는 하지 않을 것 같아요. 더군다나 지금 상대편 후보로 나온 친구도 만만하지가 않거든요.

 그럼 어떤 후보를 선택해야 할지 결정하지 못한 부동층과 후보를 정하기는 했지만 상황에 따라 마음을 바꿀지도 모르는 유동층을 같이 공략해야 할 것 같구나.

맞아요, 바로 그거예요. 아빠가 말씀하신 부동층과 유동층이 이번 선거의 핵심이에요. 좋은 방법이 없을까요?

 설문을 해본다고 했지? 그러면 우선 설문 결과가 나온 뒤에 아빠랑 다시 이야기해보자.

네, 좋아요!

**시장 market**

① 동대문 시장, 남대문 시장처럼 물건이 거래되는 특정한 장소.

② **물건이나 서비스가 거래되는 시간 · 공간적 영역.**

이 책에서는 주로 ②번의 의미로 사용된다.

**시장조사 Market research**

마케팅을 시작할 때 가장 먼저 해야 할 일이다. 시장조사는 물건이나 서비스를 판매해야 할 의사결정자(마케팅 책임자)에게 시장관련 정보를 제공하기 위하여 자료를 수집하고 분석하는 것을 말한다.

나누고, 정하고,
인식시키기

# STP 전략 - 누구를 공략할 것인가?

> 수영이의 반장 선거를 도와주기 위해 설문조사를 마친 미래는 표정이 심각하다. 이번 선거에서 아직 누구를 선택할지 결정하지 못했다는 부동층과 선택할 후보를 정하기는 했지만 마음을 바꿀 수도 있다고 말한 유동층을 모두 합치니 과반이 넘은 것이다. 미래는 고민이 커졌다. 친구들의 마음을 수영이 쪽으로 돌릴 방법은 무엇이 있을까?

 표정이 왜 그렇게 심각하니?

수영이 반장선거 때문에 했던 설문조사 결과가 나왔는데요. 생각보다 많이 심각해요.

 어떻게 나왔기에 그래?

우선 어떤 후보를 선택할지 이미 정했고, 지지하는 후보를 절대로 바꾸지 않겠다고 한 친구들이 40% 정도 나왔어요.

 그렇구나.

문제는 아직 정한 후보가 없는 애들이 20% 그리고 정하기는 했지만 마음을 바꿀 수도 있다고 한 친구들이 40%나 돼요.

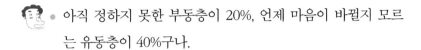 아직 정하지 못한 부동층이 20%, 언제 마음이 바뀔지 모르는 유동층이 40%구나.

네. 합쳐서 60%나 되는데 이 친구들의 속마음을 알 수가 없으니 답답하네요. "수영이를 뽑을 거야, 안 뽑을 거야?" 이렇게 설문을 하면 불법선거운동이 되기 때문에 단도직입적으로 물어볼 수도 없고 난감해요.

하하! 아빠가 보기에는 이번 선거가 아주 흥미로울 것 같은데.

아이~ 아빠. 저는 너무 걱정된단 말이에요.

그럼 절대로 지지 후보를 바꾸지 않겠다는 40%의 친구들은 파악이 됐니? 누가 누구를 선택할지 대충 예상이 되는 거야?

네. 40% 중에 80%는 수영이 표가 확실해요.

그러면 나머지 60%에서 절반만 수영이를 선택하게 만들어도 당선이 확실하겠구나.

그렇죠. 하지만 어떻게 그 친구들 마음을 사로잡아야 할지 모르겠어요.

나누고 정하고 인식시켜야지.

예? 나누고 정하고 인식시켜요? 뭘요?

마케팅에서 시장조사를 한 다음에 취하는 행동들인데 이를 'STP 전략'이라고 해.

STP요? 너무 어려운데요. 무슨 뜻인지 하나도 모르겠어요.

쉽게 생각하면 돼. 말 그대로 나누고 정하고 인식시키는 거야. 마케팅을 제대로 하려면 판매해야 할 물건이나 서비스를 누구에게 팔아야 할지 그 대상을 나누고, 정한 다음에 좋은 이미지를 인식시켜야 하거든.

그래서 '나누고 정하고 인식시키는 것'이라고 말씀하셨군요. 그럼 수영이가 반장이 되려면 어떻게 나누고 정하고 인식시켜야 하죠?

지지 후보가 확실하고 바꾸지 않겠다는 친구들이 전체의 40%라고 했지? 그중에서 80%는 수영이 표가 거의 확실하고 말이야.

예, 그건 거의 확실해요. 왜냐하면 모두 수영이를 도와주고 있는 친구들이니까요.

그러면 나머지 20%는 다른 후보를 선택할 것이 분명하니 깨끗하게 포기하자. 그리고 아직 정하지 않았거나 마음이 바뀔지도 모르는 전체의 60%에 집중하는 거지. 이렇게 대상을 나누는 것이 STP 전략의 첫 번째 순서야.

나누는 것이 첫 번째! 그 다음은요?

정해야지. 60%의 친구들 중에서 주로 어떤 친구들을 공략할 것인지 정해야 해.

여자를 대상으로 해야 해요. 수영이가 남자한테는 확실한 지지를 받고 있는데 여자들의 지지가 많이 부족해요.

이유가 뭐라고 생각하니?

수영이가 예쁘다 보니까 솔직히 질투하는 여자애들이 많아요. 저도 한때는 그랬거든요. 그런데 알고 보니까 수영이가 성격이 시원시원하고 아주 친절하더라고요. 그걸 알기 전까지는 겉모습만 보고 오해하는 경우가 좀 있어요.

남자들은 어떤데?

제 생각인데, 좀 생각해보느라고 대답을 미룬 애들이 많아 보여요. 그래서 아직 정하지 못했거나 정했는데도 마음이 바뀔지도 모른다고 한 것 같아요. 우리 반 남자들이 좀 눈치를 많이 보거든요.

하하. 그러면 여자 친구들을 대상으로 집중 공략해야겠구나. 그렇게 정하자.

예, 그게 좋겠어요. 그렇게 해요.

대상을 정했으니 STP 전략에서 두 번째를 끝냈구나.

그럼 이제 마지막 인식시키기네요?

그렇지. 수영이가 어떤 후보가 될 것이라는 포부, 수영이의 긍정적인 이미지를 친구들에게 인식시켜야 해. 사실 이것이 제일 중요하단다.

무엇을 인식시켜야 할까요? 그러고 보니 생각나는 것이 있기는 해요.

어디 한번 말해보렴.

여자 친구들이 수영이에 대해서 선입견이 조금 있으니까 그걸 먼저 없애야 해요. 그러려면 수영이의 원래 성격이 시원시원하고 친절하다는 것을 모두에게 알려야겠죠?

그러면 '시원한 성격의 친절한 일꾼, 김수영!' 이렇게 가는 건 어떨까? 이런 이미지를 여자애들에게 집중적으로 알리고 실제로 그런 성격을 친구들이 알 수 있도록 먼저 다가가는 거야.

대통령 후보가 시장에 찾아가 악수를 하고 물건을 사는 것처럼 말이죠?

그래. 그렇게 여자 친구들을 집중적으로 공략하다 보면 오해도 풀리고 좋은 이미지가 생겨서 수영이를 뽑는 아이들이 늘어나지 않을까?

성격이 시원시원하고 친절하다는 이미지를 인식시켜서 더 많은 표를 확보하는 전략이네요.

바로 STP 전략의 세 번째지!

이제 STP 전략이 뭔지 확실히 알 것 같아요. 나누고 정하고 인식시키는 거요. 전체 중에서 60%로 나누고, 그중에 여자 친구들을 집중공략대상으로 정한 다음, '시원한 성격의 친절한 일꾼, 김수영!'으로 인식시키는 거죠.

 그래! 그거야!

---

**│ STP 전략 │**

Segmentation(세분화, 나누기), Targeting(대상 설정, 정하기), Positioning(위치, 포지셔닝, 인식시키기)의 첫 글자를 따서 **STP 전략**이라고 부른다.

마케팅의 첫 단추인 시장조사를 마친 후 진행하는 전략으로 물건이나 서비스를 소비할 대상을 특성에 따라 나누고, 집중 공략해야 할 대상이나 계층을 정한 후, 의도한 긍정적 이미지를 그들에게 인식시키는 작업을 말한다.

**① Segmentation(세분화, 나누기)**

시장을 특성에 따라 나누는 것을 말한다.

　수영이를 지지하는 친구와 그렇지 않은 친구로 나누어 보았다.

**② Targeting(대상설정, 정하기)**

목표시장이라고도 부른다. 시장을 특성에 따라 나눈 이후 공략하기에 가장 매력적인 대상이나 집중 공략이 필요한 대상을 정한다.

　수영이에 대해서 오해하고 있는 여자 친구들을 공략 대상으로 정했다.

**③ Positioning(위치, 포지셔닝, 인식시키기)**

소비자가 '이 제품이나 서비스는 이런 것이다'라고 느끼게 하는 활동. 이를테면 '이 제품은 가장 안전한 제품이다', '이 제품은 믿음이 가는 제품이다'처럼 고객이 제품이나 서비스에 대해 생각하는 위치를 말한다.

　수영이를 오해하는 여자 친구들에게 '성격이 시원시원하고 친절한 일꾼'이라고 인식시키고자 했다.

커피믹스는 알아도
마케팅 믹스는 처음 들어봐요

## 마케팅의 핵심요소 4P

결국 수영이가 반 전체 아이들 중 80%의 표를 얻으며 반장에 당선됐다. 미래는 아빠의 조언대로 사전조사(시장조사), STP 전략을 통해 좋은 성과를 낸 것에 잔뜩 기분이 들떠 있다. 이제 반장선거가 아니라 우리가 접하는 상품을 마케팅하기 위해서는 무엇이 필요한지 궁금해졌다.

엄마! 아빠! 축하해 주세요. 드디어 수영이가 반장에 당선됐어요!

미래가 열심히 도와준 보람이 있구나. 수영이에게도 축하한다고 꼭 전해주렴.

아빠가 알려주신 전략이 정말 큰 도움이 됐어요. 이렇게 효과가 좋을지 몰랐어요.

나누고 정하고 인식시킨 효과가 있었니?

예, 여자 친구의 거의 대부분이 수영이를 선택했어요. 이제 수영이는 남자보다 여자애들에게 인기가 더 많아요.

참 다행이구나. 아빠는 수영이가 반장으로 당선된 것보다 친구들과 오해가 풀리고 친해진 사실이 더 기분이 좋은걸?

저도 그렇게 생각해요. 무엇보다 선거가 끝나서 이제 마음이 좀 편해요. 하지만 마케팅에 대한 흥미는 더 생겼어요.

그렇지? 마케팅은 생각보다 훨씬 재미있는 분야란다.

예, 마케팅이 흥미로워지고 있어요. 이번 반장선거에서 해본 방법 외에도 더 다양한 방법을 알고 싶어요.

시장조사, STP 전략을 마쳤다면, 그 다음 단계로 '마케팅 믹스'가 필요하단다.

마케팅 믹스요? 커피믹스는 들어 봤어도 마케팅 믹스는 처음 들어요.

하하, 마케팅 믹스는 마케팅의 핵심요소라고 불리는 4P를 적절히 혼합해서 가장 효과적인 마케팅 전략을 세우는 것을 말하는 거야.

잠깐만요! 아빠, 저 지금 너무 헷갈려요. 갑자기 마케팅 믹스에 4P까지 말씀하시니까 어지러워지는데요.

잘 들어보렴. 마케팅의 핵심요소는 흔히 '4P'라고 한단다. 4P는 알파벳 'P'로 시작하는 네 개의 요소 즉, 제품(Product), 가격(Price), 유통(Place), 촉진(Promotion)을 말하지.

이제야 좀 알 것 같네요.

그리고 4P를 잘 혼합해서 가장 효과적인 마케팅 전략이 나오도록 하는 것이 마케팅 믹스야. 믹스는 혼합한다는 뜻이 있지.

아빠, 또 어려워지려고 해요.

이해를 돕기 위해 예를 하나 들어볼게. 요즘 네가 쓰는 화장품이 뭐지?

여드름이 자꾸 나서 여드름 피부에 도움을 주는 스킨과 로션을 주로 쓰고 있어요.

처음으로 돌아가 보자. 여드름 피부에 도움을 주는 스킨과 로션을 마케팅하려면 무엇부터 해야 할까?

당연히 시장조사부터 해야죠.

그렇지. 그리고 다음에는?

나누고 정하고 인식시켜야죠.

네 말대로 나누고 정한 후에 인식시키고 성공적인 판매를 유지하기 위해서는 4P가 아주 중요하단다. 소비자에게 사랑받고 꾸준히 판매가 되려면 제품(Product), 가격(Price), 유통(Place), 촉진(Promotion)의 적절한 혼합전략 필요하지.

각각 어떤 뜻이 있는 거예요?

'제품(Product)'은 말 그대로 소비자에게 제공하는 제품을 말해. '가격(Price)'은 싸게 팔 것인지 비싸게 팔 것인지 적당한 가격을 정하는 것이지.

그 다음은요?

'유통(Place)'은 정해진 매장에서만 팔 것인지 대형 할인마트에서부터 동네 가게까지 전부 다 팔 것인지 등을 결정하는 것이고, '촉진(Promotion)'은 판매를 촉진시키기 위해 TV나 신문광고를 하고 사은품이나 할인행사를 실시하는 것을 말해.

이제 좀 제가 알고 있는 마케팅과 비슷한 것 같아요.

네가 사용하는 스킨, 로션도 그런 마케팅 믹스를 통해서 만들어지고 판매되는 거란다.

정말요?

물론이지. 네가 쓰고 있는 그 제품을 한번 가져와 볼래?

여기 있어요.

우선 10대가 좋아할 만한 예쁜 디자인에 여드름을 예방해주는 제품(Product)이면서, 가격(Price)은 청소년의 지갑이 두둑하지 않은 것을 고려해 1만 원 안쪽이구나. 이건 어디서 샀니?

엄마랑 마트에 갔다가 스킨을 사면 로션도 같이 준다는 소리에 마트에서 바로 샀어요. 그리고 이 제품은 마트나 편의점 그리고 약국에서만 팔고 화장품 매장에서는 안 팔아요.

아빠 생각에는 네 또래의 청소년들이 화장품 매장보다는 마트나 편의점을 더 자주 이용하니까 그런 유통(Place) 전략을 쓴 것 같구나.

화장품 가게에서 팔지 않는 이유가 있었군요. 저도 왠지 아직은 화장품 가게에 가는 것이 좀 꺼려졌거든요.

그리고 스킨을 사면 로션을 주는 할인행사가 있었다고?

예, 지난 일요일에 했는데 완전 대박이었죠.

평일에는 수업 때문에 학생들이 마트에 가기 어렵지만 주말에는 학생들이 가족과 함께 마트에 갈 수 있으니까 그날 스킨을 사면 로션을 주는 촉진(Promotion) 전략을 실시했구나. 이처럼 미래가 쓰는 스킨과 로션도 마케팅 믹스를 잘한 제품이었어.

제가 쓰는 물건으로 설명해주시니까 감이 좀 잡혀요. 저 이제부터 마케팅에 대해서 궁금한 점은 아빠한테 마구마구 물어볼 거예요. 아빠 준비되셨죠?

네! 준비됐습니다!

마케팅의 핵심요소라고 불리는 4P를 적절히 혼합해서 가장 효과적인 마케팅 전략을 세우는 것을 말한다.

4P

마케팅의 핵심요소. 4P는 네 개의 핵심요소가 모두 알파벳 'P'로 시작하기 때문에 붙여졌다.

① **제품**(Product)

기업이 대가를 받고 고객에게 제공하는 상품이나 서비스.

② **가격**(Price)

상품이나 서비스를 구매하기 위해 지불하는 값.

③ **유통**(Place)

상품이나 서비스가 소비자에게 전달되는 단계와 방법.

④ **촉진**(Promotion)

기업이 소비자에게 상품이나 기업의 정보 들을 의도적으로 알려 소비자가 상품이나 기업에 좋은 이미지를 갖도록 유도하는 활동.

# 2장

# 마케팅과
# 인간의 심리

# 사람은 필요한 것보다
# 원하는 것을 사는 존재다

## 소비의 심리학

> 아빠가 휴일에 모처럼 정성을 다해 자동차에 광택을 내고 있다. 미래는 그런 아빠를 도와 드리기 위해 주차장으로 간다. 그런데 가만히 살펴보니 아빠가 자동차 광택을 낼 때마다 사용하는 왁스가 매번 다른 듯하다. 그래서 미래는 자동차 왁스가 있는데도 계속 사는 아빠의 마음이 궁금했다.

아빠! 자동차 닦고 계시네요?

응. 요즘 세차를 너무 안 해서 모처럼 시간이 난 김에 광택 좀 내보려고.

차가 번쩍번쩍 유리처럼 빛나요. 완전히 새 차 같은데요.

그럼! 차도 사람처럼 깔끔하게 해주면 더 젊어 보이고 멋지게 된단다.

그런데 아빠는 자동차 왁스가 몇 개예요? 볼 때마다 느끼는 건데 가지고 계신 왁스가 너무 많아 보여요.

사실 아빠가 왁스 욕심이 좀 많단다. 왁스마다 장점이 조금씩 달라서 하나씩 사 모으다 보니까 이렇게 많아졌지 뭐니.

그래도 광택 내는데 꼭 필요해서 사신 거잖아요?

물론 필요한 것은 맞지. 하지만 필요해서라기보다는 원해서 샀다고 하는 편이 좀 더 솔직할 것 같다. 필요한 제품보다는 원하는 제품을 사는 것이 사람의 마음이거든.

그러게요. 저도 운동화 욕심이 많아서 다섯 켤레나 있잖아요. 이런 걸 보면 필요한 것보다 원하는 제품을 사게 된다는 말이 맞는 것 같아요.

그래. 사람들은 자신이 필요로 하는 제품을 구매한다고 하지만 자세히 살펴보면 모두가 원하는 제품을 구매하고 있단다. 그래서 비슷한 물건도 여러 개 가지고 있고, 신제품이 나오면 왠지 다시 마음이 끌리곤 하지.

그러니까, 엄마가 핸드백을 여러 개 가지고 계신 것도 필요한 것이라기보다는 원하시는 것에 가깝다는 말씀이시죠?

물론이지! 하지만 엄마한테는 아빠가 네 말에 맞장구쳤다고 말하면 안 된다. 분명히 아빠한테 한 번이라도 선물한 적 있냐고 따질 테니까 말이다.

헤헤~, 걱정 마세요. 제가 생각보다 입이 무겁거든요. 그런데 궁금한 것이 하나 있어요. 필요한 것보다 원하는 것을 사는 게 사람의 마음이라면 마케팅은 사람의 마음을 움직일 수 있어야 하겠네요?

그렇단다. 사람들의 마음을 이해하고 접근하는 것이 마케팅의 기본이야. 사람들은 필요한 것도 사고 원하는 것도 사지. 하지만 원하는 것에 더 마음이 끌리기 때문에 마케팅은 사람들로 하여금 원하도록 만들어야 하고, 결국에는 필요한 것이 되게끔 해야 한단다.

흥미로운데요. 원하게 만들어서 구매를 유도하지만, 그것조차 필요한 것이 되게끔 해야 한다는 말씀이죠?

그래. 너, 얼마 전부터 아빠한테 전자사전을 사달라고 했지?

예, 저 정말 전자사전이 필요해요.

그냥 종이사전도 좋지 않을까? 단어를 찾는 보람도 있고 힘들게 찾다보면 암기도 잘될 텐데?

아빠, 그건 말도 안 돼요! 촌스럽게 어떻게 종이사전을 들고 다녀요. 그리고 전자사전은 단어만 찾는 것이 아니라 인터넷 강의를 보고 음악 감상도 할 수 있다고요. 무조건 전자사전이어야 해요.

지금 보니 우리 미래가 알게 모르게 전자사전 회사의 마케팅에 흠뻑 빠졌구나. 무척이나 전자사전을 원하고 있고, 이제는 당연히 필요한 제품이 되어 버렸는걸?

그럼 제가 전자사전 회사의 마케팅에 마음을 빼앗긴 건가요?

천천히 한번 생각해볼까? 누군가가 전자사전 광고를 보았거나 제품에 관심을 가졌을 거야. 그리고 그 사전을 구매했고, 그렇게 한두 사람이 구매를 하다 보니 네 친구 중 하나도 전자사전을 사게 되었을 거야.

마케팅에 이끌려 누군가 전자사전을 사고, 점점 많은 사람들이 사게 되어 결국 제 친구도 사게 됐다는 말씀이시죠?

그래. 그리고 너는 네 친구가 사용하는 것을 보았을 테고, 그 친구는 전자사전이 좋다고 말했겠지. 너도 그런 모습을 보면서 갖고 싶은 마음이 생겼을 거고 말이야. 추적해보면 전자사전 회사의 마케팅이 너에게까지 영향을 미친 것이라고 볼 수 있어. 네 마음이 흔들린 것도 알고 보면 마케팅 때문이란다.

이제 알겠어요. 사람은 필요한 것보다 원하는 것을 사는 특징을 가지고 있고, 그런 인간의 심리를 마케팅은 잘 이해하고 활용해야 한다는 말씀이네요.

그렇단다. 사람에게 물건을 팔려면 사람의 마음을 잘 알아야 한다는 이야기야.

# 합리적인 소비란 없다. 합리화하는 소비만 있을 뿐

## 구매정당화의 심리

> 미래는 필요한 학용품을 사기 위해 엄마, 아빠와 함께 대형 마트에 왔다. 마침 장도 볼 겸 저마다 쇼핑을 하고 있는데 미래는 계산대에서 말다툼을 하는 부부를 보게 된다. 생각보다 금액이 많이 나온 것 때문에 다투고 있었는데 미래는 그 모습에 왠지 웃음이 난다.

아니? 이게 뭐야? 금액이 너무 많이 나왔잖아.

별로 산 것도 없는데 왜 이렇게 많이 나왔지?

그러니까 필요 없는 물건은 담지 말았어야지.

다 필요해서 담았지. 지금 우리가 산 물건 중에 필요 없는 게 있어?

여기 방석 말이야. 방석은 집에 있는데 뭐하러 샀어?

그 방석 10년도 넘었어. 색깔은 다 바래가지고 도저히 쓸 수가 없는 거라고.

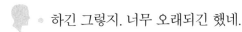

하긴 그렇지. 너무 오래되긴 했네.

당신이야말로 여기 면도거품은 왜 샀어? 집에 두 개나 있던데.

아, 지금 쓰는 건 너무 독해서 얼굴이 따끔거리더라고.

그것 봐. 당신도 다 필요해서 산 거고, 나도 다 필요해서 샀는데 필요 없는 물건이 어디 있어?

…….

엄마, 저기 있는 아줌마하고 아저씨 대화가 너무 웃겨요. 그렇죠?

호호. 엄마도 그렇게 생각해.

왜 유독 마트나 백화점에서 이런 모습을 자주 보게 되는 거죠? 계산대 앞에서 인상을 쓰거나 싸우는 사람들이 종종 보이는데 대체 왜 그러는 걸까요?

글쎄……. 미래 네가 보기에는 왜 그런 것 같니?

아무래도 돈을 너무 많이 쓰게 되니까 그런 거겠죠. 그러다 보니 싸우게 되고요. 그렇다고 해도 필요한 물건을 샀는데 왜 다투는지 모르겠어요.

그건 대부분의 사람들이 꼭 사야 할 물건을 가장 좋은 가격에 구매하는 합리적인 소비를 하지 않기 때문이야.

그게 무슨 말씀이세요? 사람들이 대부분 합리적으로 소비하지 않는다고요?

그래. 좀 더 정확히 말하면 소비를 합리화한다고 말해야겠지.

엄마 말씀이 맞아. 흔히 소비합리화, 소비정당화라고 하는데, 자신이 구매한 것이 꼭 필요해서 구매한 것이라고 믿게 되는 현상을 말하지.

그러니까 사람들은 합리적인 소비를 하기보다는 대부분 자신의 행동을 합리화하는 것이란 말씀이시죠? 말도 안 돼요.

미래 너도 그런 적이 많았을 것 같은데?

저는 필요하지 않은 물건은 절대 안 사요. 그리고 제가 얼마나 합리적인 소비를 하는데요!

과연 그럴까? 얼마 전에 휴대폰 바꿔달라고 난리친 생각 안 나니?

엄마! 제발 그 이야기는 하지 마세요. 그땐 정말 필요해서 제가 어쩔 수 없이 그랬다고요.

어이구, 그러셨어요? 그래서 바꾼 지 1년도 안 된 휴대폰을 또 새것으로 바꿔달라고 이틀 동안 말도 안 하고 방에만 틀어박혀 계셨어요?

미안해요, 엄마. 저도 그때는 왜 그랬는지 모르겠어요. 그 휴대폰이 저에게 꼭 필요하다는 생각 외에는 아무 생각도 들지 않았거든요.

그래! 바로 그런 이유 때문에 사람들은 합리적인 소비를 하기보다는 소비를 합리화한다는 거야.

그런 거였군요. 그렇다면 사람들이 소비를 합리화하는 심리가 마케팅을 하는데 어떤 도움이 되나요?

정말 좋은 질문이구나. 마케팅은 사람들이 무엇인가를 구매할 때 전혀 합리적이지 않다는 점을 철저하게 활용하고 있지.

어떤 방법으로요?

아빠가 예를 하나 들어줄게. 일단 집에 가서 홈쇼핑 채널을 한번 보자꾸나.

네? 갑자기 홈쇼핑은 왜요?

---

**소비합리화**

**상품을 구매한 이유가 정당하고 합리적이었다고 생각하는 것.**
예를 들어 길을 걷다가 예쁜 옷을 보고 옷가게에 들어가서 계획에도 없는 여러 개의 옷을 샀을 경우, 계획 없이 충동구매를 한 자신의 행동에 대해서 반성하기보다는 어차피 필요해서 산 것이고, 남들보다 잘 산 것이라고 믿는 태도를 말한다. 소비정당화라고도 한다.

# "이제 곧 마감"이라는 말 한마디에
# 왜 판단력이 흐려질까?

## 설득의 법칙

> 집에 도착한 미래는 다급하게 TV를 켠 후 홈쇼핑 채널을 찾았다. 쇼핑 호스트가 능숙하게 화장품의 좋은 점을 설명하는 중이었다. 아무 생각 없이 보던 미래는 왠지 점점 빠져드는 느낌이 들기 시작했다.

● 우리 미래가 급했나 보네. 오자마자 TV부터 켜고?

아빠, 저 궁금하면 못 참는 거 아시죠?

● 녀석도 참. 근데 어디까지 이야기를 했더라?

사람들은 합리적인 소비를 하기보다는 소비를 합리화시킨다고 하셨어요. 그래서 마케팅은 사람들의 그런 심리를 잘 활용하고 있다고 하셨고요.

● 제대로 기억하고 있구나. 이제 홈쇼핑 채널을 고정하고 좀 더 기다려 보자. 방송이 끝나려면 20분 정도가 남았구나.

아빠, 뭘 그렇게 자세히 살펴보시는 거예요?

● 20분 동안 쇼핑 호스트가 하는 말과 자막이 어떻게 변하는지 살펴보는 거야.

● 어떻게 변하는데요?

● 처음에는 편안하게 화장품에 대해서 설명하겠지만 시간이 지날수록 사람들로 하여금 급한 마음이 들도록 할 게 분명해.

● 정말요?

● 우리 조금 더 집중해서 살펴보자. 이제 대략 5분 정도밖에 안 남았으니까 말이야.

● 아빠! 조금 전부터 '매진임박', '주문폭주' 이런 자막이 계속 나오고 있어요. 게다가 쇼핑 호스트는 "이제 곧 마감입니다!", "조금만 더 서둘러 주세요!" 이렇게 말하는데요?

● 하하, 우리 미래가 관찰력이 보통이 아니구나.

● 제가 물건을 살 것도 아닌데 보고 있으니 왠지 마음이 급해지는 것 같아요.

● 그래. 아빠가 말한 대로 시간이 지날수록 사람들로 하여금 급한 마음이 들도록 하는 거야.

● 왜 그렇게 하죠? 그냥 편안하게 해도 살 사람은 결국 살 것 같은데요.

물론 네 말도 일리가 있어. 하지만 아까 우리가 이야기한 대로 사람은 합리적인 소비를 하지 않는다고 했지?

그러셨죠.

그러니까, 살 사람은 구매를 한다고 치고 안 살 사람은? 안 사겠다고 마음먹으면 결국 안 살까? 그렇게 합리적일까?

아하~, 이제 알겠어요. "이제 곧 마감입니다"라고 말하는 이유는 안 살 사람에게까지 판매하려고 그러는 거군요.

빙고!

대부분의 사람은 합리적인 소비를 하지 못한다. 그러니까 안 살 사람도 결국 구매하게 되는 것이 사람들의 일반적인 특성이다. 그래서 홈쇼핑은 급한 마음이 들도록 해서 안 살 사람도 구매하게 만든다!

그것이 사람의 심리이고 마케팅은 그런 특성을 잘 활용해야 한다.

결국 "이제 곧 마감입니다"라는 말에 흔들릴 필요는 없다. 끝!

하하하!

① 오늘 이 구성은 마지막 방송! 오늘이 아니면 다시는 만나보실 수 없습니다!

② 제가 직접 써보고 말씀드리는 겁니다.

③ 수량 확보 필수!

④ 마감 임박! 일부 제품 매진!

⑤ 전화 폭주로 상담대기자가 많습니다. 죄송합니다!

## 기대심리와 소비

미래는 애플의 신제품 출시일에 사람들이 전날부터 몰려들어 매장 앞에서 24시간이 넘게 줄을 서 있었다는 신문기사를 보고 깜짝 놀란다. 왜 사람들은 원하는 물건을 사기 위해 수고를 마다하지 않는지 그 이유가 궁금해졌다.

아빠, 뉴스 보셨어요? 애플 신제품이 출시됐다는 뉴스요.

봤지. 요즘에는 우리나라 제품이 워낙 좋아서 애플의 인기가 예전만 못하지만, 신제품이 나올 때만큼은 여전히 야단법석이더구나.

예전만 못한데도 그 정도예요?

뭘 보고 그렇게 놀란 거니?

길게 늘어선 줄 말이에요.

하하! 우리 미래는 이해가 안 가는 모양이구나.

저라면 며칠 기다렸다가 매장에서 편하게 구매할 텐데 왜 고생을 사서 하는지 모르겠어요. 도저히 이해가 안 돼요.

그래? 그럼 미래는 놀이동산에 가서 타고 싶은 놀이기구 앞에 줄이 늘어서 있다면 어떻게 할 거 같아?

당연히 좀 기다리더라도 타야죠. 놀이동산에 가면 롤러코스터는 필수예요. 반드시 타고 와야죠.

그럼 신제품을 사기 위해 줄 서는 사람과 롤러코스터를 타기 위해 줄 서는 미래는 뭐가 다르지?

헉! 아빠 말씀을 듣고 보니 저나 그 사람들이나 큰 차이가 없네요.

그래. 사람은 무언가에 대해 기대하는 마음이 크면 클수록 힘든 것을 잘 참아낼 수 있단다.

그럼, 신제품에 대한 기대와 롤러코스터에 대한 기대가 있기 때문에 줄이 늘어서 있더라도 참을 수 있다는 거네요.

그렇지. 하나만 더 예를 들어볼까? 만약 미래 네가 잘 가는 떡볶이 집에 줄이 길게 늘어서 있다고 하자. 그런데 바로 옆집은 맛은 별로지만 지금 바로 사 먹을 수 있다면 너는 어떤 선택을 하겠니?

당연히 원래 먹던 집이죠. 그 집이 훨씬 맛있는데 뭐하려 맛없는 집으로 가겠어요. 줄을 서는 집은 다 이유가 있다니까요?

그래. 그리고 기다렸다 먹게 되는 떡볶이는 유난히 더 맛있지 않니?

맞아요! 잘 아시네요.

다른 사람도 마찬가지란다. 매일 먹는 밥도 배고플 때 먹으면 더 맛있는 것처럼 맛의 기준은 주관적이지. 그래서 기꺼이 기다리는 수고를 하고, 기대한 음식을 먹게 될 때는 왠지 더 맛있는 것 같은 느낌이 드는 거야.

그래서 줄 서서 먹는 음식이 더 맛있고, 줄 서서 사게 되는 제품이 더 소중하게 느껴지는 거군요.

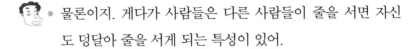 물론이지. 게다가 사람들은 다른 사람들이 줄을 서면 자신도 덩달아 줄을 서게 되는 특성이 있어.

맞아요! 남들이 줄을 서면 왠지 호기심이 생기고 뭔가 좋은 게 있을 것 같다는 생각을 하게 되요.

그래서 사람들은 기대하게 되고 줄을 서는 수고를 기꺼이 하게 된단다. 그리고 그 물건을 구매하게 되면 왠지 더 좋게 느껴지지.

애플 제품을 사기 위해 밤새 줄을 서는 것이나 줄 서서 먹으면 더 맛있다고 느껴지는 이유가 모두 기대심리 때문이군요.

그렇단다. 하지만 모든 사람이 다 그런 것은 아니야.

맞아요. 제 친구 미영이는 줄 서는 것을 엄청 싫어해요. 미영이는 줄을 서면 기대심리가 올라가지 않고 분노게이지가 올라가요.

하하, 재미있구나. 기대보다 분노가 올라가는 것도 정상이지. 모든 사람이 다 같을 수는 없지 않겠니? 단골고객이라면 기꺼이 오래 기다릴 수 있지만, 새로운 고객은 인내하기 힘들단다.

그래서인지 애플 제품을 사려고 줄 서는 사람들은 애플 마니아들이 많고, 떡볶이 집에 줄 서는 친구들도 단골이 많은 것 같아요.

 그런데 미래야. 생각난 김에 요 앞에 새로 오픈한 만두집으로 아빠랑 왕만두 먹으러 갈래?

그래요, 아빠. 그 집 앞에 사람들이 길게 줄 서는 거 보면 분명 맛있을 거 같아요.

 조금 기다려야겠지만 분명 맛있을 거야. 얼른 나가자.

# 햄버거 가게의 음악은 왜 빠르고 시끄러울까?

## 소비자의 행동 유도

> 미래는 친구 미영이와 햄버거 가게에서 만나기로 한다. 한 달 동안 만나지 못했기 때문에 할 이야기도 궁금한 것도 매우 많았다. 한껏 수다를 떨며 재미있는 시간을 함께 보냈는데 아무래도 생각보다 과식을 한 것 같다. 평소에는 과식과 거리가 멀었던 미래에게 궁금한 것이 하나 생겼다. 왜 햄버거 가게에 가면 생각보다 더 먹게 되는 것일까?

 미래 왔구나. 그래, 미영이랑은 재미있게 놀았니?

 그럼요. 오래간만에 만나서 그런지 너무 즐거웠어요.

 햄버거는 맛있게 먹었고?

 맛있게 먹은 정도가 아니라 배가 터질 것 같아요. 그래서 지금 좀 힘들어요.

 얼마나 많이 먹었기에 그러는 거니?

 엄마, 놀라지 마세요. 햄버거, 치킨, 콜라, 감자튀김, 비스킷까지 인정사정 볼 것 없이 다 먹었어요. 제가 왜 그랬는지 정말 모르겠어요. 너무 미련하게 먹은 것 같아요.

 우리 미래나 미영이가 과식하고는 거리가 먼데…….

 그러게 말이에요. 미영이도 우리가 왜 그렇게 많이 먹었는지 모르겠다면서 문자가 왔어요. 엄마! 왜 햄버거 가게에 가면 생각보다 더 많이 먹게 되는 거죠?

 엄마보다는 미래가 햄버거 가게에 더 많이 가니까 미래가더 잘 알지 않을까?

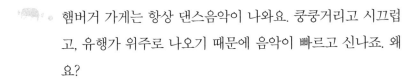 솔직히 잘 모르겠어요. 아무튼 햄버거 가게는 좀 어수선하고 그러다 보니 음식도 많이 먹게 되는 게 아닌가 싶어요.

 가게에서 나오는 음악 소리는 어떠니? 조용하니 아니면 시끄럽니?

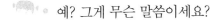 햄버거 가게는 항상 댄스음악이 나와요. 쿵쿵거리고 시끄럽고, 유행가 위주로 나오기 때문에 음악이 빠르고 신나죠. 왜요?

 음……, 너와 미영이가 평소답지 않게 과식을 하게 된 이유는아마도 매장에서 흘러나오는 빠른 음악 때문인 것 같구나.

예? 그게 무슨 말씀이세요?

햄버거 가게의 마케팅 때문에 너희들이 더 많이 먹게 되었다는 말이야.

에이~, 설마 음악 때문에 저희가 많이 먹었겠어요? 어쩌다 만났으니까 기분이 좋아서 그런 거 아닐까요?

물론 그럴 수도 있지. 하지만 가만히 생각해 보렴. 미영이를 만났을 때뿐만 아니라 햄버거 가게만 가면 왠지 많이 먹고 빨리 먹게 되고, 다 먹은 뒤에도 좀 아쉽지 않았니?

맞아요! 그러고 보니 왠지 그랬던 것 같아요. 이상하게 정신 없이 빨리 먹고 많이 먹게 되고, 먹어도 배부른 것 같지 않은 그런 느낌이 자주 들었어요. 그럼, 과식의 원인이 매장에서 나오는 빠르고 신나는 음악 때문이라는 말씀이시죠?

모두 그렇다고 말할 수는 없지만 음악이 많은 영향을 미쳤다고 할 수 있을 것 같은데? 그 부분은 아빠가 전문가시니까 한번 여쭤볼까?

아빠! 어디 계세요? 저 무지 궁금한 게 생겼어요.

이미 저쪽에서 다 들었단다. 그러니까 우리 미래는 음악이 행동에 영향을 줬다는 것이 믿기지 않는다는 거지?

예. 솔직히 믿기지 않아요.

아빠가 뭐 하나만 물어보자. 우리 미래는 러닝머신에서 운동할 때 힘들지 않니?

엄청 힘들죠. 특히 러닝머신은 지루하고 재미가 없어요. 열심히 뛰어야 효과가 있는데 너무 힘들어요.

그럼, 좀 뛰어야겠다는 생각이 들 때는 어떻게 하니?

이어폰을 귀에 꽂고 음악을 크게 듣죠. 신나는 음악을 들으면 제 다리도 저절로 움직이는 것 같거든요. 훨씬 힘이 덜 든다니까요.

그렇게 뛰기 싫다가도 신나는 음악을 들으면 힘이 절로 난다는 말이네. 그럼, 네 행동에 영향을 준 것은 음악이 되는 아닐까?

그러네요. 정말 신나는 음악이 제 행동에 영향을 미치네요. 결국, 햄버거 가게의 음악이 저와 미영이를 과식하게 만들었다는 말씀이시죠?

그래. 사람들은 빠른 음악을 크게 들으면 더 빨리 먹거나 마시게 되는 경향이 있단다. 특히 햄버거 가게에서는 이런 원리를 아주 잘 활용하고 있지.

그렇군요. 햄버거 가게의 음악이 빠르고 시끄러운 이유를 이제 알겠어요. 그럼 매상을 올리고 싶으면 무조건 음악을 빠르고 크게 틀면 되겠네요?

항상 그런 것은 아니란다. 어떤 경우에는 빠르고 큰 소리의 음악이 매상을 올리는데 방해가 되기도 해.

그래요? 어떤 경우인데요?

만약, 조용한 북카페에서 시끄럽고 빠른 음악을 튼다면 어떻겠니? 또, 강물이 내려다보이는 한적한 레스토랑이라면 어떨까?

저 같으면 짜증나서 금방 나와버릴 것 같아요. 조용히 쉬려고 갔는데 음악 소리가 크고 빠르다면 당연히 피곤하죠.

아빠라도 그렇게 할 것 같구나. 빠르고 큰 소리의 음악이 어울리는 장소는 따로 있지 않을까?

그러니까, 마케팅을 잘 하려면 어떤 고객, 어떤 장소, 어떤 분위기인지를 정확히 파악해서 음악도 알맞게 잘 활용해야 한다는 말씀이시죠?

오케이! 오늘도 우리 미래는 아빠 말을 잘 알아들었구나!

길을 가다가 반값 할인이나 폭탄세일 등의 행사를 하는 가게는 거의 대부분 빠르고 경쾌한 음악을 틀어 놓고, 문까지 활짝 열어 놓는다. 또한, 신규 오픈 등 가게를 처음 열었을 때에는 도우미 등을 동원하여 더욱 빠르고 신나는 음악을 크게 틀어 놓는다. 모두 행인들의 관심을 집중시키고 쉽게 가게로 들어오게끔 하려는 마케팅 전략이다.

## 향기 마케팅 aroma marketing

인간은 후각이 예민하기 때문에 향기로 후각을 자극하여 소비자의 구매 욕구를 끌어 올리는 마케팅 기법이다. 커피 향기로 꽉 찬 커피숍은 그렇지 않은 커피숍에 비해 더 높은 판매고를 올린다. 또, 주변에 빵 굽는 냄새가 퍼지는 빵집은 지나가는 사람들의 발길을 붙들어 매장으로 향하게 한다.

# 가수 '싸이(PSY)'가 좋으면 삼성과 현대자동차도 좋다

## 대중문화와 마케팅

가수 싸이가 빌보드차트 2위에 올랐다는 소식과 해외에서 한국 기업과 한국 제품의 이미지가 더욱 좋아지고 있다는 뉴스를 본 미래는 궁금한 것이 생겼다. 가수 싸이가 한국 제품을 선전한 것도 아닌데 왜 한국 제품과 기업의 이미지가 좋아지는지 그 이유였다.

가수 싸이가 정말 대단한 일을 해냈구나. 빌보드차트라고 하면 사실 우리하고는 상관없는 높은 벽처럼 느껴졌는데 말이다.

저도 매일 놀라고 있어요. 영어가 아니라 한국말로 부른 노래가 이런 인기를 얻을 줄은 생각도 못했거든요.

그러게 말이다. 게다가 싸이 덕분에 요즘 한국 제품들이 아주 인기가 높다고 하지?

네. 저도 뉴스에서 봤는데 한국 제품과 기업 이미지가 날이 갈수록 좋아지고 있다고 해요. 그런데 아빠, 궁금한 게 있어요.

또? 뭔데?

가수 싸이가 한국 제품을 선전한 것도 아닌데 왜 한국 제품과 기업의 이미지가 좋아지는 건가요? 싸이는 그냥 노래를 불렀을 뿐이잖아요.

물론 그렇지. 싸이는 노래만 불렀는데 왜 한국 제품과 기업도 덩달아 인기를 끄는지 그게 궁금한 거로구나?

네. 언뜻 이해는 가지만 솔직히 이유는 잘 모르겠어요.

미래가 가장 좋아하는 영화배우는 누구니?

요즘에는 레오나르도 디카프리오가 최고예요. 연기력이 정말 뛰어나요. 게다가 외모도 훌륭하고요.

그래서 미래 방에 디카프리오 사진이 그렇게 많았구나.

네, 정말 팬이에요!

미래는 이번 방학 때 가장 가고 싶은 곳이 어디니?

갑자기 웬 방학이요?

네가 아빠 휴가 때 멀리 가족여행을 가본 적이 없다고 했잖아. 아빠가 올해는 생각 좀 해볼까 해서 말이야.

정말요? 무조건 비행기 타고 해외여행가요!

어디를 그렇게 가고 싶은데?

미국이요. 특히 할리우드와 비버리힐즈는 꼭 가보고 싶어요.

그래? 언제부터 그렇게 미국에 가고 싶었던 거니? 게다가 할리우드나 비버리힐즈까지 생각하고 있었단 말이야?

그럼요! 제가 얼마나 가고 싶어 했는데요. 디카프리오가 일하는 곳, 사는 곳이니까 반드시 가봐야 해요. 전 정말 할리우드가 좋고 나이키도 좋아요.

요 녀석! 벌써 흠뻑 빠졌구나. 다른 나라 사람들이 싸이가 좋으니까 한국 제품과 한국 기업을 좋아하는 현상과 별 차이가 없는 것 같은데?

어, 정말 그러네요? 제가 디카프리오를 좋아하다 보니 할리우드를 동경하는 것처럼 말이죠.

그래. 가수 싸이의 인기가 높아지면서 한국의 대중문화는 세계적으로 더 큰 주목을 받게 되었고, 이것이 하나의 문화로 자리를 잡고 있단다.

한류문화! 맞죠?

그래, 한류. 덕분에 이제는 한국과 관련된 많은 것들이 함께 인기를 얻고 있지.

이제 알겠어요. 요즘 뉴스에서 우리나라 휴대폰, 자동차, 가전제품, 영화가 세계적으로 큰 인기를 얻고 있다는 소식을 심심치 않게 듣는데 이게 다 이유가 있었네요.

하지만 한국 제품과 회사가 인기를 얻는 것이 꼭 한류 덕택이라고만 할 수는 없단다. 한류의 덕을 보는 것은 사실이지만 형편없는 제품이 인기를 끌 수는 없지 않겠니?

저도 그렇게 생각해요. 그런데 대중문화가 이렇게 큰 힘을 가지고 있는지 몰랐어요.

대중문화는 우리가 흔히 접할 수 있는 TV, 인터넷, 영화, 음악, 미술 등을 통해서 전달되기 때문에 빠르게 퍼지고 쉽게 사람들 마음속에 파고들지. 그래서 사람들의 마음을 움직일수 있을 만큼 큰 힘을 가지고 있단다.

한류의 힘이 요즘 더 크게 느껴지는 것 같아요. 싸이 파이팅! 코리아 파이팅!

## 대중문화 Popular culture

대중매체(TV, 라디오, 인터넷, 신문, 잡지 등)에 의해 널리 퍼지고 다수의 사람들이 받아들이는 상업적인 문화.

예) TV 드라마, 영화, 가요, 팝송 등.

## 한류 Korean wave

**한국의 대중문화가 외국에 소개되어 인기를 얻고 있는 현상.**

1990년대 후반에 한국 드라마가 동남아에 수출되면서 한국이라는 나라, 한국배우와 한국 사람들, 한국제품과 기업에 대한 이미지가 전반적으로 상승했다. 한류에 영향을 받은 사람들은 한국을 동경하게 됨으로써 한국 방문에서 한국어 배우기까지 다양한 한국사랑을 이어가고 있다.

## 뉴키즈온더블록 New Kids On The Block의 공연과 사고

1992년 당시 세계적인 아이돌 그룹 '뉴키즈온더블록'의 한국 공연에는 1만 5천 명의 팬들이 모였다. 공연 시작 30분 만에 흥분한 소녀 팬들이 무대 쪽으로 몰려나와 앞에 앉아있던 사람들과 뒤엉키면서 공연장은 아수라장으로 변해 50여 명의 사람이 졸도하거나 깔려서 부상을 입고, 1명이 사망하는 충격적인 사고가 발생했다. 요즈음은 '한류'로 다른 나라 사람들이 한국을 동경하지만, 과거에 한국은 다른 나라와 그 나라의 스타들을 무척 동경했었다.

# 3장

# 마케팅과
## 제품(Product)

소비자의 니즈(needs)를
채워주는 제품이 짱이다

## 고객 니즈와 제품

마케팅이 인간의 심리를 활용해 사람들의 행동을 유도한다는 것을 이해하게 된 미래는 어떻게 하면 마케팅을 잘할 수 있는지 궁금해졌다. 마케팅을 잘하기 위해서는 무엇이 필요하고 어떻게 해야 하는지 알고 싶어진 것이다. 미래는 마케팅을 보다 체계적으로 이해하고 싶었다.

아빠, 이제 마케팅과 인간의 심리가 서로 연결되어 있다는 것을 조금은 알 것 같아요.

그래. 마케팅을 하는 이유는 제품과 서비스를 사람들에게 알리고 판매하는 것인 만큼 사람들의 특성을 이해하는 것이 매우 중요하단다.

그러니까 사람의 마음을 이해하는 것만으로도 마케팅이 성공을 거둘 수 있다는 말씀이시죠?

꼭 그렇지는 않단다. 사람들의 마음은 쉽게 변하고 예측 불가능하기 때문에 장담할 수는 없단다. 게다가 우리가 알아본 것은 아주 기본적인 현상에 불과해.

그럼, 마케팅을 잘하기 위해서는 어떤 것이 필요한가요? 마케팅이 성공하려면 어떤 것을 알아야 하는 거죠?

마케팅의 성공 확률을 높이기 위해서는 앞에서 말한 마케팅 믹스를 철저하게 준비하고 실행해야 한단다.

마케팅 믹스라면 마케팅의 핵심 4P를 잘 혼합하는 것! 제품, 가격, 장소, 촉진! 맞죠?

하하, 그래. 모두 기억하는 것을 보니 아빠가 뿌듯하구나.

마케팅 믹스를 어떻게 준비해야 한다는 말씀이세요?

우선 4P 중에서 첫 번째로 '제품'부터 살펴보자. 우리가 무엇인가를 팔아야 한다면 어떤 제품을 만들어서 팔지를 결정해야 하지 않을까?

당연하죠. 제품을 잘 팔려면 만드는 단계부터 잘해야 된다고 봐요.

그럼 어떤 제품을 만들어야 마케팅이 성공적으로 이루어질까?

질문이 좀 어려운데요?

간단하게 물어보마. 소비자가 필요로 하는 제품일까? 아니면 필요로 하지 않는 제품일까?

그건 너무 쉬워요. 당연히 소비자가 원하는 제품이죠.

빙고! 소비자가 원하는 제품을 만들어서 마케팅을 해야겠지? 마케팅을 잘하려면 무엇보다 소비자가 원하는 제품을 발견하거나 만들어내는 것이 중요해. 이렇게 소비자가 원하는 제품이나 서비스를 '고객 니즈(needs)'라고 한단다.

고객 니즈를 파악하는 것이 정말 중요해보이네요. 만약 고객이 원하지도 않는 제품을 마케팅한다면 실패할 확률이 훨씬 높겠죠?

물론이지. 그래서 4P에서 제품이 중요한 거란다. 첫 단추가 제대로 끼워져야 하니까 말이야.

어떻게 해야 고객 니즈를 제대로 파악할 수 있나요?

사실 많은 기업들이 고객 니즈를 파악하기 위해 노력하고 있지만 쉽지 않은 것이 현실이란다. 고객 니즈가 쉽게 파악된다면 물건을 판매하는 것이 매우 수월하겠지.

제 생각에는 고객에게 질문하면서 알아보면 되지 않을까 싶은데요.

그것도 나쁜 방법은 아니야. 고객이 무엇을 필요로 하는지 혹은 어떤 것에 불편함을 느끼는지 질문하고 알아본 후 제품을 개발하는 경우도 있단다.

제 말이 바로 그거예요. 고객에게 물어보면 정답이 있을 것 같아요.

하지만 그런 방법으로 고객 니즈가 파악되는 건 너무 쉽다는 생각이 들지 않니?

그건 그러네요. 그러면 고객에게 많이 질문하는 기업이 더 성공한다는 말인데. 이건 누구나 할 수 있는 것 같기도 하고요.

맞아. 고객이 모든 것을 알고 있는 건 아니기 때문에 고객에게 질문해서 얻는 것은 어디까지나 참고사항이지 정답이 될 수는 없어. 실제로 질문했을 때는 필요하다고 했지만 막상 상품이 나오면 구매하지 않는 고객도 많단다.

아, 그렇군요. 그러면 기업은 손해가 막심하겠는데요.

이처럼 고객에게 질문하는 것은 한계가 있단다. 그래서 고객 니즈를 파악하는 데 가장 중요한 방법으로 '관찰'이 쓰이지.

관찰이요?

그래. 관찰이 무엇보다 중요해. 예를 하나 들어보자. 요즘에는 혼자 사는 1인 가구가 점점 늘어나는 추세라고 해.

그렇군요.

1인 가구는 여러 가지 일을 혼자 힘으로 해야 하는데, 보통 힘든 일이 아니야. 미래는 엄마가 밥을 차려주니까 잘 모르겠지만, 혼자 장 보고 반찬 만들어서 밥을 먹는다면 쉽지만은 않겠지?

예, 무엇보다 시간이 엄청 걸릴 것 같은데요.

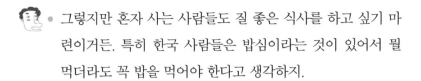 그렇지만 혼자 사는 사람들도 질 좋은 식사를 하고 싶기 마련이거든. 특히 한국 사람들은 밥심이라는 것이 있어서 뭘 먹더라도 꼭 밥을 먹어야 한다고 생각하지.

맞아요. 밥심이 중요한 것 같아요. 저도 빵만 먹으면 힘이 안 나거든요.

혼자 사는 사람들의 이런 니즈(needs)와 1인 가구가 늘어나는 추세를 놓치지 않고 관찰한 끝에 탄생한 제품이 하나 있단다. 그게 뭘까?

잠깐만요. 저 알 것 같아요. 햇반! 맞죠?

그래. 흔히 햇반이라고 하는 즉석밥이야. 즉석밥은 1인 가구

가 점점 늘어나고 그에 따라 시간을 절약하면서도 밥을 먹고 싶어 하는 사람들의 니즈(needs)를 관찰한 끝에 나온 상품이지.

 이제 확실히 알겠어요. 소비자의 니즈를 채워주는 제품이 짱이네요.

바로 그거야!

### 성인용 기저귀

의학발달과 생활환경 개선 등으로 인간의 수명이 점차 길어지고 있다. 수명이 길어진 만큼 노인인구 또한 급속도로 늘어나면서 노인관련 질환 또한 늘어나고 있는데, 대표적인 질환이 바로 요실금(소변을 참지 못하고 찔끔 찔끔 흘리는 증상)과 변실금(대변을 가리지 못하는 증상) 이다. 이외에도 사고나 수술 등으로 인해 발생하기도 하는데 성인용 기저귀는 이런 증상이 있는 노인들에게 큰 도움이 된다. 한국에서는 유한킴벌리의 '디펜드'라는 제품이 시장점유율 1위를 달리고 있으며, 성인용 기저귀 시장은 연간 1천억 원이 넘는 규모이다.

### 남성화장품

남자들의 예뻐지고 싶은 니즈(needs)에 발맞추어 남성화장품 시장이 폭발적으로 증가하고 있는 중이다. 예전에는 세수는 비누로 하고, 세안 후에는 스킨 정도만 사용하는 것이 일반적이었으나 이제 남성들도 기초화장품, 비비크림, 색조화장품, 클렌징 제품 등 다양한 화장품을 여성 못지않게 사용하는 시대가 되었다. 화장하는 남자를 뜻하는 '그루밍족(grooming: 몸단장)'이라는 신조어까지 탄생됐다.

### 즉석밥

독신자, 1인 가구, 맞벌이 부부가 증가하면서 신속하고 간편하게 밥을 먹고자 하는 소비자 니즈(needs)와 밥을 유난히 중요하게 생각하는 한국인의 정서가 맞물려 탄생한 꾸준한 히트상품이다. CJ의 '햇반'이 최초의 즉석밥이며, 현재 부동의 1위를 달리고 있다.

# 특징이 없는 제품은
# 사람들이 기억해 주지 않는다

## 제품 차별화

미래는 고객 니즈를 파악해서 만들어 낸 제품이나 서비스만 있다면 마케팅은 얼마든지 성공할 것이라고 생각했다. 그런데 아빠는 그것만으로는 부족하다고 하신다. 도대체 무엇이 더 남아 있는 걸까?

아빠. 관찰을 통해 고객 니즈를 알게 되었다면 마케팅은 성공하지 않을까요?

물론 고객의 니즈, 그러니까 고객이 필요로 하는 것을 알았다면 마케팅을 하기가 조금은 수월하겠지. 하지만 고객이 필요로 하는 물건을 개발했다고 하더라도 사람들이 기억해 주지 않으면 소용없단다. 마케팅에 실패한다는 뜻이지.

사람들이 기억해주지 않으면 그 제품이나 서비스를 찾지 않을 것이고, 그러면 결국 마케팅은 실패한다는 거네요.

그렇지. 간단히 말해서 남들과 차별화되지 않은 제품은 사람들이 기억하지 않는다는 말이야.

그럼 결국 그 제품은 사람들의 기억 속에서 잊혀지게 될 것이고, 아무리 필요한 제품이라도 다른 회사의 제품을 쓰게 될 것이다. 그 말씀이시죠?

우와! 미래가 이젠 아빠 마음도 읽네?

그렇다면 특징이 있는 제품을 만들어야 마케팅에 성공하겠어요.

고객 니즈에 적합하고 특징이 있어서 다른 것과 구별되는 제품이 마케팅에 성공할 확률이 훨씬 높단다.

그런 제품이 어디 있죠? 쉽게 떠오르지는 않는데요.

너 지금 입고 있는 교복은 어디서 산 거야?

영어 학원 맞은편에 있는 매장에서 샀는데요. 제 교복은 전부 거기서 산 거예요.

특별히 이유가 있니?

그 매장은 제가 제일 좋아하는 회사의 교복만 팔아요. 다리가 정말 길~어 보이거든요.

그래? 다리가 길어야 길어 보이지 않을까?

아빠! 그렇지 않아요. 옷을 어떻게 입는지, 어떤 옷을 입는지에 따라서 다리 길이가 정말 달라 보인다니까요.

네 다리가 짧아 보인다고 한 것도 아닌데 왜 그렇게 민감하니?

헉, 제가 그랬나요? 아무튼 전 다리 긴 편에 속해요. 그건 아빠도 인정하시죠?

물론이지. 우리 미래는 다리가 길어요. 그런데 미래야. 다 같은 교복인데 그 회사의 교복을 많이 찾는 이유는 뭘까?

그야 다리가 길어 보인다는 이유 때문이죠. 다른 제품들과 다르잖아요. 기억도 잘 되고 확실히 차별이 되는 것 같아요.

그럼 그 회사는 우리 미래에게 성공적인 마케팅을 했구나.

잠깐만요. 왠지 아빠가 무슨 말씀을 하시려는지 알 것 같은데요?

하하. 그래 한번 말해보렴.

다리가 길어 보인다는 차별화가 있었기 때문에 그 제품이 학생들에게 더 잘 기억되었고, 그래서 마케팅에 성공했다는 것 아닌가요?

학생들에게 교복이 필요한 것은 당연한 일이지만, 남들과 똑같은 제품을 만들면 사람들에게 기억되지 못하고 마케팅은 실패한다는 사실.

그래서 다리가 길어 보인다는 차별화를 두었고, 그래서 그 제품은 마케팅에 성공했다. 저 제법이죠?

정말 대단한데!

### 신라면: 매운 맛이라는 차별성으로 승부

매운 맛을 좋아하는 한국인의 독특한 입맛을 기초로 개발된 라면. 당시 라면이 약간씩 얼큰한 맛을 내고는 있었지만 신라면만큼 매운맛으로 차별화를 한 라면은 없었다. 1986년 농심에서 개발하여 매운 맛 라면의 효시이자 선두주자가 되었다. 신라면은 세계 각국으로 수출되어 많은 사랑을 받고 있으며, 우리나라에서는 지금까지 20여 년 동안 변함없는 라면 판매 1위를 지키고 있다.

### 아이비클럽: 다리가 길어 보이는 학생복으로 차별성을 강조

모두 똑같은 교복이 아니라 다리가 길어 보이는 교복이라는 메시지를 내세우며 한참 외모에 관심이 많은 10대 학생들에게 차별화를 시도. 다리가 길어 보이는 디자인과 스타일을 제안하며 중고등학생에게 큰 인기를 얻고 있다.

### 고려은단 비타민 C: 원료가 다르다는 차별성으로 성공

비타민 C 제품이 대부분 중국산 원료를 쓰는데 반해 영국산 원료를 사용한다는 차별성을 강조하며 마케팅에 성공했다. 선진 유럽이라는 이미지와 영국이라는 국가의 좋은 느낌이 다른 제품보다는 더 믿을 만하다는 소비자의 선택을 이끌어 냈다. 고려은단 비타민 C는 현재 우리나라 시장 점유율 1위를 달리고 있다.

# 우수한 품질의 제품이
# 늘 성공하는 것은 아니다

## 제품의 시장 적합성

차별화를 시도한다고 해서 마케팅이 다 해결되는 것은 아니다. 어떤 방식으로 차별화를 할 것인지가 중요하다. 특히 사람들이 기억해주는 제품으로 차별화를 해야 마케팅에 성공할 확률이 높다. 그래서 미래는 좋은 품질의 제품을 만들면 사람들이 기억해주기 때문에 차별화에 성공할 것이라고 믿었다. 그런데 그게 전부가 아니란다.

남들과 다른 차별화가 필요한 이유를 이제 알겠어요. 사람들의 기억에 남을만한 제품이나 서비스가 마케팅에 정말 중요하다는 생각이 들어요.

그래. 남들과 똑같은 제품보다는 차별화된 제품이 그래서 필요하단다. 그럼 여기서 아빠가 질문 하나 해도 될까?

예! 이젠 저도 마케팅을 조금은 아니까 자신 있어요.

좋아. 미래가 만약 마케팅 담당자라면 어떤 방법으로 제품을 차별화 해보겠니?

음……. 제 생각에는 품질만한 것이 없다고 봐요. 좋은 품질의 제품은 어디에 내놓아도 차별화가 되잖아요. 그러면 당연히 사람들이 기억해주는 그런 제품이 될 거고, 마케팅도 더욱 성공적으로 이루어질 것 같은데요.

바람직한 생각이구나. 품질이 나쁘면 아무리 마케팅을 잘해도 실패할 거야. 하지만 반대로 품질이 아무리 좋아도 마케팅에 실패할 수 있단다.

왜요? 좋은 품질의 제품이 성공해야 공평한 것 아닌가요?

물론 좋은 품질의 제품이 성공하는 것이 상식적으로 옳은 일이지. 그런데 아무리 좋은 품질의 제품이라도 시장에 적합하지 않으면 실패할 수밖에 없어.

시장에 적합하지 않다는 건 무슨 뜻인가요?

예를 한번 들어볼까? 만약 베이컨을 제조하고 판매하는 회사라면 당연히 품질 좋은 베이컨을 만들어서 더 많은 사람들에게 팔고 싶을 거야.

예, 당연하죠.

그런데 아주 좋은 품질의 베이컨을 파키스탄이나 쿠웨이트에서 판매한다면 어떻게 될까?

차별화된 품질 때문에 소비자들이 기억해주고, 마케팅도 판매도 쑥쑥 잘될 것 같은데요.

아니! 그 회사는 단 한 개의 베이컨도 팔지 못해. 게다가 추

방되거나 아예 처음부터 발도 들여 놓지 못할 수도 있고 심하면 교도소에 가게 될 지도 모른단다.

아니 왜요? 좋은 품질의 제품을 판매하는 것도 죄가 되나요?

왜냐하면 파키스탄이나 쿠웨이트는 이슬람교를 믿는 나라여서 돼지고기를 먹지 않기 때문이지.

정말요? 거기까지는 전혀 생각하지 못했어요.

그런 곳에서 베이컨을 판매하는 것이 가능할까?

이제 알겠어요. 아무리 좋은 품질의 제품이라도 시장에 적합하지 않은 제품은 마케팅에 실패한다는 말씀이시죠?

그래. 이제 '시장 적합성'이 어떤 의미인지 알겠니?

예, 아빠. 결국 우수한 품질은 차별화가 되기에 충분하지만 시장에 적합하지 않다면 마케팅에 실패할 수밖에 없다. 우수한 품질의 제품이 늘 성공하는 것은 아니라는 말씀이시죠?

그래. 이처럼 마케팅은 알면 알수록 새로운 사실이 많단다.

그러면 우수한 품질에도 불구하고 시장에서 외면 받은 제품들은 또 어떤 것이 있나요?

미래가 좋아하는 계란, 아빠가 좋아하는 자동차와 소주도 그런 경우가 있었어. 한번 살펴볼까?

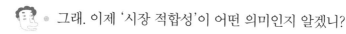

### 시장에서 외면받은 안타까운 제품들

**흰색 계란**

우리나라 소비자가 선호하는 계란은 흰색이 아닌 갈색이다. 현재 흰색 계란은 구하기조차 힘들다. 한 연구기관의 실험에 따르면 맛은 오히려 흰색 계란이 더 뛰어나다고 하는데 한국인들은 유독 흰색 계란을 싫어하는 경향이 강하다.

이유는 1990년대 신토불이 열풍이 불면서 흰색은 외래종, 갈색은 토종이라는 인식이 확산되어 흰색 계란이 차츰 외면받기 시작했다. 또, 흰색 계란에는 이물질이 묻어 있는 것이 쉽게 확인되어 위생적이지 않다는 느낌도 강했다.

그러나 흰색 계란을 낳는 흰색 닭(레그혼 품종이라고 함)이 사료를 덜 먹고, 알도 더 많이 낳는다고 한다. 흰색 닭이 낳는 흰색 계란이 좀 더 우수하지만 소비자들은 여전히 갈색 계란을 선호하고 있다.

### 허머 (Hummer)

미국 군용 다목적 차량을 개조하여 일반인도 탈 수 있도록 개발한 차. 험한 길, 경사로, 장애물이 있는 어떠한 길도 헤쳐나갈 수 있을 만큼 튼튼하고 강한 힘을 가진 차로 상당한 인기를 얻었었다.

캠핑이나 야외활동 등을 좋아하는 사람들에게 안성맞춤이고, 우수한 품질을 가진 차량이었으나 기름값이 치솟고 미국 경제가 안 좋아지자 연비가 다른 차량에 비해 현저히 떨어지는 허머(Hummer)는 차츰 소비자들로부터 외면받기 시작했고, 결국 2010년부터 더 이상 생산하지 않기로 결정이 나면서 사라지고 있다.

### 프리미엄 소주

벌꿀이 들어간 소주 '김삿갓' 등이 대표적이다. 1996년 당시 일반 소주의 2배 정도 되는 가격의 프리미엄급 소주가 잠시 인기를 끌었으나 오래가지 못했다. IMF 금융위기를 겪으면서 주머니 사정이 여의치 않게 되자 판매가 주춤하기 시작한 것이다. 특히 소주는 서민의 술, 싸게 마실 수 있는 술이라는 것이 소비자들의 지배적인 생각임을 다시금 확인하게 되었다. 이후로 프리미엄 소주는 자취를 감추었다.

# 평범한 제품을 더 특별하게 만드는 '브랜드'

## 제품과 브랜드

마요네즈를 유난히 좋아하는 미래는 엄마가 해준 샐러드를 맛있게 먹다가 마요네즈 통에 쓰여 있는 글씨를 자세히 읽게 된다. 그러다 우연히 마요네즈를 만든 회사가 미래가 생각한 회사가 아니라는 것을 알게 되는데…….

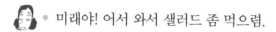 미래야! 어서 와서 샐러드 좀 먹으렴.

와! 제가 좋아하는 샐러드네요!

아빠를 닮아서 그러나, 채소를 어쩜 그렇게 좋아하니?

엄마를 꼭 빼닮은 것도 있는데요?

뭔지 알 것 같은데? 엄마랑 같이 말해볼까? 하나 둘 셋!

마요네즈!

마요네즈! 하하.

고소하고 새콤한 마요네즈는 누가 만든 걸까요? 어떻게 이런 맛을 발견한 건지 가끔 궁금해요.

 마요네즈는 원래 프랑스에서 유래한 음식이란다.

정말요?

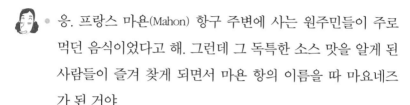 응. 프랑스 마욘(Mahon) 항구 주변에 사는 원주민들이 주로 먹던 음식이었다고 해. 그런데 그 독특한 소스 맛을 알게 된 사람들이 즐겨 찾게 되면서 마욘 항의 이름을 따 마요네즈가 된 거야.

우와! 엄마 대단해요. 역시 마요네즈를 좋아하시니까 마요네즈에 대해서 확실하게 알고 계시네요.

 그 정도는 알아야 마요네즈에 대한 예의가 아닐까?

맞아요. 저도 이젠 확실히 알았어요. 그런데 저는 햇님식품 마요네즈가 최고로 맛있어요. 엄마는 어느 회사 제품이 제일 마음에 드세요?

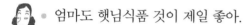 엄마도 햇님식품 것이 제일 좋아.

역시 엄마하고는 잘 통한다니까요. 잠깐만요. 어, 이상하다?

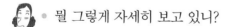 뭘 그렇게 자세히 보고 있니?

분명 햇님식품 마요네즈인데 왜 제조원(만든 회사)은 다른 회사인 거죠?

 어디? 그렇구나. 아무래도 브랜드 때문인 것 같은데.

브랜드요? 상표 말씀이시죠?

그래.

마요네즈를 만든 회사와 판매하는 회사가 다른 이유가 왜 브랜드 때문인가요?

제조회사가 어디로 되어 있니?

홍홍식품이요. 처음 보는 회사인데 어디선가 들어본 것 같기도 해요.

만약 처음 보는 홍홍식품의 마요네즈와 햇님식품의 마요네즈가 나란히 있다면 너는 어떤 제품을 선택할 것 같니?

햇님식품이요.

왜?

우선 햇님식품 것이 눈에 딱 띄잖아요. 게다가 상표도 잘 알려져 있고 많은 사람들이 즐겨 찾는 믿을 수 있는 제품이니까요.

다른 제품과 차별화가 된다는 말이지?

예, 맞아요. 차별화가 되죠. 상표도 눈에 들어오고 익숙하고요.

방금 네가 느낀 것처럼 브랜드는 평범한 제품을 더욱 특별한 가치를 지닌 제품으로 만들어 준단다. 한 마디로 다른 제품과 차별화를 하는데 꼭 필요하고, 마케팅에 아주 중요한 역할을 하지.

마케팅에 성공하려면 브랜드를 더 많이 알리고 사람들이 좋아하는 브랜드가 되어야 한다는 말씀이시죠?

그래 바로 그거야. 사람들은 익숙한 브랜드를 선택하는 경향이 있고 그러면 그럴수록 브랜드는 점점 더 힘을 얻고 특별한 가치를 갖겠지?

이제 조금 알 것 같아요. 그러니까 홍홍식품이 자신들의 브랜드로 판매하는 것보다는 햇님식품에 제품을 공급해서 판매하는 것이 더 유리하다고 판단한 것이네요.

호호. 우리 미래가 제대로 이해했구나.

사람들이 브랜드를 찾는 이유를 이제는 알 것 같아요.

브랜드(brand)는 상표를 의미한다. 특정 회사의 상품이라는 것을 표시하기 위한 명칭이나 표지로 주로 사용되지만 오늘날에 와서는 특정 제품의 가치를 부여하여 차별화를 꾀하는 전략으로 사용된다. 특별히 갖고 싶고, 자신이 선호하는 브랜드가 있는 것은 그 브랜드가 지닌 특별한 가치 때문이다.

## 피에르 가르뎅 Pierre Cardin, 1922 ~ 현재

브랜드의 중요성을 일찌감치 파악한 패션사업가. 자신의 이름을 딴 '피에르 가르뎅'이라는 브랜드의 주인공이다.

이탈리아에서 태어났으며 프랑스에서 의류사업을 시작으로 명성을 쌓아올렸다. 이외에 다양한 잡화(우산, 핸드백, 구두, 벨트 등)와 그릇, 유모차까지 만들어 '피에르 가르뎅'이라는 브랜드를 확대해 나간다. 특히 그는 브랜드의 중요성을 누구보다도 잘 알고 있었기 때문에 '피에르 가르뎅'이라는 브랜드를 다른 기업이 사용할 수 있도록 라이선스 사업을 확대했다. 라이선스 사업은 이름 없는 회사 혹은 브랜드가 유명하지 않은 회사가 일정한 금액(로열티)을 지불하면 '피에르 가르뎅'이라는 브랜드를 사용할 수 있도록 허가해주는 사업을 말한다.

한때 우리나라의 모 우산 회사도 자사의 브랜드를 포기하고 '피에르 가르뎅' 브랜드로 판매하여 큰 성공을 거두었다. 사람들이 브랜드를 얼마나 선호하는지 알 수 있는 부분이다.

## 이왕이면 다홍치마, 우리는 멋진 디자인의 제품을 원한다

### 제품과 디자인

> 엄마는 미래 생일선물로 다양한 기능이 있는 전자시계를 사주려고 마음먹었다. 그런데 미래는 아무런 기능도 없는 아날로그시계를 선택했다. 이유는 디자인이 멋지다는 것이었다. 엄마는 미래의 선택이 마음에 들지 않았지만 미래가 좋아하기 때문에 그 시계를 흔쾌히 선물했다. 그리고 저녁식사 시간에 온 가족이 모여 대화를 나누었다.

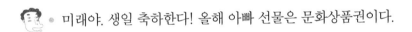

• 미래야. 생일 축하한다! 올해 아빠 선물은 문화상품권이다.

• 와~! 그렇지 않아도 문화상품권이 필요했어요. 고마워요, 아빠.

• 아빠는 선물이 너무 고민돼서 그냥 문화상품권으로 정했어. 네가 필요하다고 하니 천만다행이다.

• 엄마한테도 멋진 선물을 받았어요.

• 어떤 선물인데?

• 자, 보세요. 손목시계예요. 멋지죠?

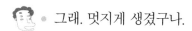 그래. 멋지게 생겼구나.

원래 그 시계를 사려고 했던 게 아니었는데, 미래가 그 시계를 보자마자 갑자기 좋다고 하더라고요.

그래요? 당신은 어떤 시계를 생각하고 있었는데?

기능이 여러 가지 있는 그런 제품을 생각했었죠. 특히 알람 기능이 꼭 필요해서 생각해둔 것이 있었지만 미래가 좋다고 하니 기분은 좋네요.

미래는 왜 그 시계를 선택했니?

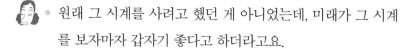 디자인이 너무 좋잖아요. 저는 물건을 선택할 때 같은 값이면 디자인이 나은 것에 마음이 끌리더라고요. 저만 그런 건가요?

아니야. 디자인이 좋은 제품에 마음이 가는 것은 당연하단다.

엄마가 보기에도 멋진 디자인은 사람의 마음까지 변화시키는 것 같아.

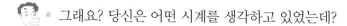 정말요?

생각해보렴. 너 얼마 전에 엄마가 만들어준 카레를 지금까지 먹어본 카레 중에 최고라고 했지? 지금도 그렇게 생각하니?

당연하죠. 그때 먹어본 카레는 정말 최고였어요!

사실 그때 너한테 해준 카레는 조금도 특별할 것이 없단다. 조금 미안한 말이지만 뜨거운 물에 넣었다가 꺼내 먹는 즉석카레였거든.

우와~ 충격이네요. 그럼 제가 무엇 때문에 세상에서 제일 맛있는 카레라고 했을까요? 저도 사실 잘 모르겠는데요,

엄마가 보기에는 그릇 때문이 아닐까 싶구나. 그날 카레를 다른 때와 다르게 새로운 접시에 담았거든. 네모난 접시를 사용해 본 것은 사실 처음이었어.

저도 생각나요. 노란색 네모난 접시에 카레를 먹으니 너무 맛있었는데, 그게 예전에 제가 먹던 카레와 다를 바 없는 즉석카레였다는 말씀이시죠?

호호, 그래. 우리 미래가 엄마한테 속은 셈이네.

하하, 이거 재미있는데? 세상에서 제일 맛있는 카레의 비밀은 접시에 있었구나.

이제 아빠가 디자인이 좋은 제품에 마음이 가는 것은 당연하다는 말씀이 와 닿아요.

그렇지? 이왕이면 다홍치마라고 사람들은 보기 좋고 멋진 제품을 선호한단다. 그래서 많은 기업들은 자신들의 제품을 보다 잘 판매하기 위해 디자인에 많은 노력을 기울이고 있어.

맞아. 엄마도 광고 문구를 만들어 낼 때 어떻게 하면 디자인을 더 부각시킬까 항상 고민하지.

제가 접시 때문에 카레가 더 맛있었다고 느끼고, 디자인 때

문에 별 기능도 없는 손목시계를 사게 된 이유를 이제 알겠
어요. 멋진 디자인이 사람의 마음을 끌고 그것을 잘 활용하
는 것도 결국 마케팅이라는 걸 알았고요.

 그래! 우리 미래가 마케팅에 대해서 점점 많이 알아가는 것
같아서 아빠는 흐뭇하다.

 그럼 내일 저녁 메뉴는 카레로 할까요?

 엄마! 네모난 접시는 이제 안 통해요. 아시죠?

## 멋진 물건을 사는 것이 건강에 좋다?

미국 마이애미 경영대학원 연구팀은 소비자들의 램프(전기스탠드) 구매 행
태와 그에 따른 심리적 반응을 조사했다. 램프는 디자인이 멋져 보이는
것, 멋은 없지만 기능이 뛰어난 것의 두 종류였다. 조사 결과 멋진 램프를
산 사람들은 고기능 램프를 구매한 사람들에 비해 자존감이 더욱 높아지
는 것으로 드러났다.

쇼핑한 물건에 대해 다른 사람들이 그런 램프를 산 것은 잘못된 것이라
며 다른 견해를 보였을 때에도 "그럴지도 모른다"며 열린 마음으로 받아
들이는 태도를 보였다고 한다. 멋진 물건을 사게 되면 자존감이 높아져서
타인의 의견을 받아들이고 자신의 오류를 인정하기가 그 만큼 쉬워진다
고 한다.

쇼핑할 때 기능이 뛰어난 물건보다 디자인이 멋진 물건을 선택하는 사람
이 많은데 이것이 정신건강을 위해서는 올바른 선택이라는 흥미로운 연구
결과이다.

(출처: 코미디닷컴. 2012.07.08)

# 4장

## 마케팅과
### 가격(Price)

# 가격이 싸다고 마케팅에 유리한 것은 아니다

## 가격정책 ①

마케팅의 기본전략 4가지 중 두 번째인 가격(Price). 아빠는 가격이 마케팅에 매우 중요한 요소라고 말씀하신다. 가격이 중요하다는 것은 미래도 쉽게 이해가 갔다. 그리고 가격이 저렴할수록 마케팅에 훨씬 유리할 것이라는 생각이 들었다. 왜냐하면 값이 싸면 우선 잘 팔리고 사람들의 관심도 많이 받을 수 있을 것이기 때문이다.

● 미래야. 이제 마케팅 기본전략에서 제품(Product)이 얼마나 중요한지 이해가 가니?

● 예. 단순히 제품은 그냥 물건이라고 생각했는데 그게 아니네요. 고객의 니즈도 파악해야 하고 차별화도 필요하고 브랜드도 중요하다는 것을 알았어요.

● 그래. 그런 요소들이 모여서 탄생된 제품이나 서비스는 마케팅에 성공할 확률이 높단다.

● 철저한 준비만큼 확실한 마케팅 전략은 없는 것 같아요. 그런데 아빠! 제품(Product) 다음에는 '가격(Price)'인데 마케팅

전략에서 가격이 중요하다는 것은 이미 알 것 같아요.

 오~ 그래?

아무래도 비슷한 제품이라면 싸게 파는 것이 마케팅에 훨씬 유리하지 않을까요? 박리다매라는 말도 있잖아요.

틀린 말은 아니구나. 하지만 무조건 싸게 판다고 마케팅에 항상 유리한 것은 아니란다.

네? 싼 가격을 싫어할 사람은 없을 것 같은데요. 이왕이면 싸게 사는 것이 좋지 않을까요?

일반적으로 비싸게 파는 것보다 싸게 판매하는 것이 마케팅에 유리한 것은 맞아. 하지만 장기적으로 보면 오히려 마케팅을 더욱 어렵게 만들기도 한단다. 예를 한번 들어보마. 미래가 자주 가는 김밥집 있지?

예. 학교 앞 김밥집이 있는데 다른 집보다 한 줄에 500원이나 싸요. 그래서 방과 후에는 줄 서서 먹어야 할 정도예요.

그 김밥집은 가격이 저렴하기 때문에 다른 곳보다 더 인기가 있는 것 같구나.

그럼요. 500원이면 큰 차이죠.

그런데 갑자기 500원을 올려서 받으면 사람들 반응이 어떨까?

아무래도 가격이 갑자기 다른 집과 똑같아진다면 김밥이 덜 팔리지 않을까요? 저 같아도 가끔은 다른 곳에서 사 먹게 될 거 같아요.

그럼 다른 곳보다 500원 저렴한 가격 때문에 처음에는 좀 유리했지만, 나중에는 500원 때문에 오히려 마케팅이 힘들어진 것이라고 말할 수 있지 않을까?

그러네요. 가격이 싸다고 마케팅에 유리한 것은 아니군요.

맞아. 오히려 싼 가격이 나중에는 마케팅을 어렵게 만드는 원인이 되기도 한단다. 그래서 가격은 마케팅 전략에서 매우 중요한 위치를 차지하지.

역시 가격도 제품 못지않게 신중히 결정해야 하는 거네요. 그런데 이렇게 가격 때문에 마케팅을 하는데 어려움을 겪는 경우가 많나요?

물론이지! 어떤 기업이든 가격 때문에 많은 고민을 하고 있단다. 가격을 낮추는 것도 올리는 것도 늘 고민거리가 될 수밖에 없어. 특히 처음에 가격을 싸게 해서 인기를 얻었다가 제품에 문제가 생겨버리면 나중에 품질이 좋아진다고 하더라도 가격을 올리기가 더욱 힘들어진단다. 사례를 한번 살펴볼까?

1986년 현대자동차는 우리나라 자동차 회사로서는 처음으로 미국 시장에 진출하며 소형 세단 '엑셀'의 본격적인 판매와 마케팅을 시작한다. 이 모델은 첫 해 16만 대, 이듬해에는 26만 대를 돌파하며 미국 시장에서 도요타나 다른 유수의 자동차 회사를 물리치고 소형차 판매 1위라는 엄청난 성공을 만들어 냈다.

하지만, 급격한 판매량을 따라가기에 턱없이 부족한 정비망과 품질관리 미흡으로 현대차는 고장이 잘 나는 싸구려 차라는 평가가 뒤따르게 된다. 이러한 이미지는 향후 마케팅 활동을 전개하는데 큰 어려움으로 작용한다.

현대자동차는 과거의 실패를 교훈 삼아 파격적인 서비스와 품질보증 프로그램을 도입하여 고객 신뢰를 차츰 높여나갔다. 결국 800만 대의 누적 판매량을 기록하며 미국 시장에서 확고하게 자리를 잡게 된다(2013년 2월 기준). 800만 대는 현대 쏘나타 자동차를 한 줄로 세웠을 경우 지구를 한 바퀴(4만km) 도는 거리와 맞먹는 대기록이다. 현대자동차는 현재 세계 5위의 자동차 업체로 성장했다.

# 가격이 비싸다고 마케팅이
# 어려운 것도 아니다

## 가격정책 ②

> 가격이 싸다고 마케팅에 유리한 것만은 아니라는 사실을 안 미래는 반대의 경우도 생각해 본다. 그런데 아무리 추측을 해봐도 가격을 비싸게 하면 결코 마케팅이 쉽지 않을 것 같다. 아니 가격이 비싸면 경쟁 자체가 되지 않아서 마케팅에 완전히 실패할 것이라는 생각이 들었다.

아빠. 싸게 파는 것이 마케팅에 도움이 되기도 하지만 항상 유리한 것은 아니라는 걸 알았어요.

그래. 가격을 결정할 때는 지금 당장 얼마나 잘 팔릴 것인지를 고민하는 것도 중요하지만 멀리 내다볼 필요가 있단다. 특히 가격이 싸서 마음에 들었는데 품질이 안 좋다면 고객은 크게 실망하겠지.

예. 정말 마케팅 전략에서 가격을 정하는 것이 꽤나 힘든 일이구나 하는 생각이 들어요. 그런데, 아빠! 가격이 싼 경우보다는 가격이 비싼 경우가 마케팅하기 훨씬 힘들지 않을까요?

물론 힘들지. 그럼 왜 힘들까? 네 생각은 어떠니?

가격이 비싸면 소비자들이 쉽게 사지 못하고 망설일 것 같아요. 그리고…….

그리고?

물건을 사는데 좀 더 신중해지거나 아예 구매를 포기할 수도 있겠죠.

그렇지. 그런데 포기할 수 없는 경우도 있어. 뻔히 비싼 가격을 알지만 그렇게 하지 못하는 경우야.

어떤 경우죠?

교복이 그런 경우지. 비싸도 꼭 사야 하니까.

생각해 보니 그러네요.

이런 경우에는 판매자가 서로 가격을 담합해서 비싸게 책정해놓고 판매하기도 한단다. 그럴 때에는 마케팅이 좀 쉽겠지?

정말이네요. 그런데 그건 좀 너무한 것 아닌가요?

물론 잘못된 것이지. 그래서 이렇게 가격을 서로 짜고 일정하게 정하는 것을 '담합'이라고 해서 엄격하게 규제하고 있어.

아, 그렇군요. 그럼 담합을 하는 경우 말고는 가격을 비싸게 하면 마케팅이 어려울 것 같은데요.

전 세계에 하나밖에 없는 상품이나 다른 곳에서는 흉내 내기 힘든 우수한 상품, 서비스라면 가능하지 않을까? 이를테면 두바이의 7성급 호텔이라고 불리는 '버즈 알 아랍'은 하룻밤 숙박비가 보통 300만 원이고 제일 비싼 방은 몇천만 원 정도 된단다.

정말요? 잠깐 잠자는데 어떻게 그런 비싼 돈을 내요? 그 비싼 가격에도 잠을 자는 사람이 있기는 있나요?

물론이지. 가격이 비싸다고 마케팅이 꼭 어려운 것도 아니란다. 누구나 자기가 지불할 수 있는 가격의 기준이 다르기 때문이야. 이를 '준거가격'이라고 한단다.

준거가격이요?

제품이나 서비스에 대해서 가지고 있는 자기 나름의 가격 기준을 말해. 이를테면 미래가 생각하는 튀김 1인분의 적당한 가격은 얼마일까?

2천 원요. 그 이상이면 절대 안 사 먹어요.

그럼 미래의 튀김 1인분 준거가격은 2천원인 거야. 이해가 가니?

네! 그럼 비싼 가격의 제품은 비싼 준거가격을 가진 사람들에게 판매하면 되겠네요?

그렇지. 미래가 이해가 빠르니까 아빠가 힘이 나네.

그런데 준거가격이 그렇게 사람마다 크게 차이가 날까요?

잘 생각해 보자. 도로에 다니는 자동차를 조금만 눈여겨보면 불과 몇 년 전에 비해 많은 차이점이 있는데 혹시 알겠니?

글쎄요. 제가 보기에는 일단 자동차의 종류가 정말 다양해 진 것 같아요. 예전에는 똑같은 차들이 대부분이었는데 이 제는 처음 보는 차들도 많고 크기도 각양각색이에요.

그렇게 많은 종류의 자동차들이 어디서 왔을까?

그러고 보니까 다른 나라 자동차들이 많이 늘어난 것 같네요.

제대로 봤어. 수입차는 국산차보다 가격이 많이 비싼데도 불구하고 갈수록 늘어나고 있단다.

어쩐지 낯선 차들이 부쩍 늘어났다는 느낌을 받았어요.

그래. 비싼 값을 지불할 의향이 있는 사람들에게는 수입차의 비싼 가격도 구매를 망설이게 하는 원인이 되지 않아.

당연히 수입차에 대한 준거가격도 높겠네요.

그래. 그런 경우에는 비싼 가격 때문에 마케팅이 어렵다고 말할 수 없지 않겠니?

결국, 비싸다고 마케팅이 모두 어려운 것이 아니네요.

그렇다고 봐야지.

국산 자동차보다 상대적으로 비싼 수입차량은 과거 한 자리 숫자의 시장 점유율을 넘어서지 못하며 고전했다(국산차가 98대 팔릴 때, 수입차는 2대 정도 팔리는 수준이었다.). 그러나 우수한 품질과 고급스러운 브랜드 이미지를 내세워 오랜 시간 한국시장에서 마케팅 활동을 해온 것이 효과를 발휘하여 2013년 4월 기준, 수입차의 시장 점유율은 무려 12%를 기록했다. 국산차가 88대 팔릴 때, 수입차는 12대 판매된 것이다(출처: 한국수입자동차협회 수입차점유율표).

수입차의 가격이 국산차보다 비싼 것을 감안하면 금액적인 면에서는 전체 자동차 매출액의 12%를 훨씬 넘어선다는 의미이다. 조금만 주의를 기울이면 가격이 비싸다고 마케팅이 어려운 것만은 아니라는 사실을 우리는 주변에서 심심치 않게 발견할 수 있다.

┤ 준거가격 Reference price ├

제품이나 서비스에 대해서 가지고 있는 자기 나름의 가격기준을 말한다. 책가방을 구매할 때 1만 원이 적당하다고 보는 사람이 있고, 10만 원은 되어야 쓸만하다고 생각하는 사람도 있다.

자동차를 구매할 때 어떤 사람은 교통수단이기 때문에 1천만 원 정도가 적정하다고 보는 반면, 어떤 사람은 그보다 몇 배의 가격이 되어야 한다고 판단하는 사람도 있는 것이다.

# 10원 단위로 끝나는 제품이 더 싸게 느껴지는 이유는?

## 가격에 대한 심리

> 문구점에서 학용품을 사온 미래는 영수증을 보다가 재미있는 것을 발견한다. 물건 가격이 890원, 1990원 등으로 책정되어있던 것이다. 가격을 이렇게 정한 특별한 이유가 있는 걸까?

아빠, 여기요. 말씀하신 잘 써지는 파란색 볼펜 사왔어요.

어디 보자. 정말 잘 써지는 구나. 그런데 얼마 주고 샀니?

음……, 1,990원이요.

네가 사온 다른 학용품들도 마음에 들고?

예, 모두 마음에 들어요. 그런데 아빠, 조금 희한한 것이 있어요.

뭔데?

왜 가격들이 대부분 90원, 990원 이렇게 끝나죠? 어떤 것은 99원으로 끝나는 것도 있어요.

그건 고객에게 가격이 싸다는 느낌을 주려는 것이란다.

설마 10원, 50원, 100원 차이로 사람들이 싸다고 느낄까요?

비록 작은 차이지만 사람들은 실제로 가격이 저렴하다고 느낀단다. 미래가 이렇게 90원, 990원으로 끝나는 학용품을 많이 사온 것만 봐도 알 수 있잖니?

그런 것 같기도 하네요.

비록 금액은 적지만 생각보다 효과가 있는 방법이란다. 판매가격을 100원, 1000원 이렇게 하지 않고 90원, 990원 이렇게 판매하는 마케팅 기법을 '단수가격전략'이라고 해. 적은 금액을 줄였음에도 자릿수가 한 자리 줄어들기도 하고, 고민 끝에 내놓은 가격이라는 느낌을 주거든.

그럼, 이렇게 90원, 990원으로 판매하는 것도 전부 마케팅 전략이었군요. 소비자에게 가격이 좀 더 저렴하다는 느낌을 주기 위해서란 말이죠?

그래. 소비자가 가격을 어떻게 받아들이는지에 관한 재미있는 실험을 하나 말해줄까?

뭔데요, 아빠?

1996년 쉰들러와 키바리안이라는 학자가 모든 가격의 끝자리가 '00'으로 끝나는 상품 카탈로그와 '99'로 끝나는 카탈로그를 사람들에게 나누어주고 구매액을 관찰해 보았더니…….

보았더니요?

'99'로 끝난 카탈로그를 가지고 있던 사람들이 결과적으로 더 많은 금액을 지불했다고 해.

 가격이 싸다고 느꼈기 때문에 돈을 좀 더 쓴 거네요.

 그렇지!

웬지 좀 찜찜한데요.

왜?

저도 생각해 보니 문구점에서 좀 많이 산 것 같아요. 여기 이 연습장은 사실 안 사도 되는 것이었는데 890원이라서 미리 사둔 거거든요. 마케팅은 정말 사람들이 사지 않고는 못 견디게 만드는 것 같아요.

그렇지? 우리는 이렇게 늘 마케팅과 함께 생활하고 있단다.

그래서 저는 마케팅이 너무 매력적이라고 생각해요.

하하! 미래가 이제 마케팅에 점점 눈을 뜨는 것 같구나.

## 단수가격 Odd pricing

가격의 끝자리에 단수(홀수)를 붙여 자릿수를 한 자리 줄이거나 가격이 싼 느낌을 주는 가격결정 방식. 10만 원 정도가 적당한 가격으로 판단되었을 때 99,900원 혹은 99,989원 등으로 책정하는 방법이다.

이렇게 가격을 정하면 소비자들은 심사숙고하여 가격을 정한 것으로 느끼게 되고, 10만 원보다 저렴하다는 판단을 하게 되므로 적은 비용을 양보해서 괜찮은 마케팅 효과를 볼 수 있다.

## 게겐과 자코브의 실험 (2005년)

게겐과 자코브라는 학자가 9로 끝나는 가격을 사람들이 어떻게 판단하는지에 대한 실험을 했다.

학생들에게 길거리에서 테이크아웃(포장)할 수 있는 크레페(프랑스식 얇은 팬케익)를 팔도록 했으며, 판매수익은 좋은 일(암 퇴치 기금)에 쓰인다고 고객에게 이야기하도록 했다. 크레페의 가격은 각각 2.00유로, 1.99유로였다.

실험결과 1.99유로의 가격에는 59%의 사람들이 크레페를 산 반면, 2.00유로의 가격에는 45.5%의 사람들이 크레페를 샀다. 결과적으로 0.01유로를 손해봄으로써 더 큰 이익을 얻은 것이다.

(출처:『소비자는 무엇으로 사는가』 니콜라 게겐 지음. 지형. 2006. P25 )

# 더 싼 물건을 사기 위해 사람들은 목숨을 건다

## 미국의 〈블랙 프라이데이〉

미래는 백화점 세일 때문에 인근 도로가 주차장으로 변할 만큼 심한 교통정체가 발생했다는 뉴스를 보았다. 싼 값에 물건을 사기 위해 그러는 게 이해가 가면서도 너무 심한 건 아닌가 하는 생각도 든다. 미래는 세일기간에 사람들이 한꺼번에 몰리는 현상이 궁금했다.

아빠, 뉴스 보셨어요?

어떤 뉴스 말이니?

백화점 세일 때문에 명동 일대가 완전히 주차장이 됐다고 해요.

어, 아빠도 그 뉴스 봤다. 세일기간에는 가격이 평소보다 많이 저렴해서 그런거 아닐까?

저도 그렇게 생각해요. 마케팅 전략에서 가격이 참 중요하긴 하구나 하는 생각이 드네요. 그런데 이렇게까지 사람들이 한꺼번에 몰려들 것이라고는 생각 못했어요.

사실 이 정도는 아무것도 아니란다.

예? 더 심한 경우도 있나요?

물론이지. 차가 막히는 것은 기본이고, 싼 물건을 사기 위해 손님들끼리 싸우기도 하고 심지어 사람이 크게 다치거나 죽기까지 한단다.

사람이 크게 다치거나 죽는다고요? 믿기지 않는데요.

2008년 〈블랙 프라이데이〉에 뉴욕의 롱아일랜드 지역에 있는 백화점에서 몰려든 쇼핑객들에 밀려 매장 종업원이 압사당하는 사고가 발생한 적이 있었어.

정말 놀랍네요. 그렇게 사고까지 발생할 줄은 상상도 못했어요. 그런데 블랙 프라이데이가 뭐예요?

〈블랙 프라이데이〉는 11월 마지막 목요일 추수감사절 다음날인 금요일을 말한단다. 보통 이날부터 연말까지 미국에서는 최대의 할인 판매가 곳곳에서 이루어지는데 이때 올리는 판매 금액이 1년 전체의 20% 정도가 된다고 하니 정말 대단하지?

그러네요. 한 달 판매 금액이 그 정도면 엄청 많이 팔린다고 봐야겠네요. 그런데 왜 블랙이죠? 레드나 블루도 있고 연말이면 화이트도 괜찮을 것 같은데요.

그렇게 부르는 데는 이유가 있단다. 블랙(black)은 흑자라는 뜻이야. 장사를 해서 손해를 보면 장부에 빨간색(red)으로 표시를 하고, 이익이 남으면 검은색(black)으로 표시한데서 유래한 말이란다. 한마디로 장사가 잘 돼서 이익이 많이 남는 날이라는 의미지.

그렇군요. 결국 블랙 프라이데이는 이익이 많이 남는 금요일이란 뜻이네요.

응, 맞아.

싼 가격 때문에 장사가 잘 되는 건 이해가 가는데 어느 정도로 싸게 파나요?

상점마다 다 다르겠지만 TV를 절반 가격에 팔기도 하고, 심지어 반의 반 값에 파는 것도 무척 많단다.

우와! 진짜 줄 서서 물건을 살 만한데요.

전날부터 와서 밤을 새우고 기다린다면 믿겠니?

밤을 새워요?

하하. 최근 뉴욕 맨해튼의 메이시스 백화점이라는 곳에서는 블랙 프라이데이 행사를 앞두고 새벽 5시부터 약 7000여 명의 쇼핑객들이 밤새 줄을 서서 입장했다고 하더구나.

싸게 파는 것이 마케팅에 도움이 되는 것만은 확실하군요.

같은 제품이라면 더 싸게 파는 것이 아무래도 좋은 마케팅

전략이 될 수 있지.

아빠, 블랙 프라이데이에는 많은 상점들이 더 많은 손님을 맞이하기 위해 평소보다 심하게 경쟁하겠네요. 서로 가격을 더 낮추고 자기네 물건이 싸다고 할 것 같은데요.

물론이지. 서로 자기네 물건이 싸다고 마케팅 활동을 본격적으로 할 수밖에 없을 거야.

그럼 소비자에게는 이익이네요? 상점들이 서로 경쟁을 해서 가격이 싸지면 소비자에게는 좋은 일이니까요.

그렇겠지?

미국의 전통적인 명절인 추수감사절(Thanksgiving Day) 다음날을 가리킨다. 추수감사절은 11월 네 번째 주 목요일이고 블랙 프라이데이는 그 다음날인 금요일이 된다.

블랙 프라이데이는 연말 쇼핑시즌이 시작되는 날이며 이날부터 연말까지 미국에서는 최대의 할인 판매가 상점마다 이루어진다. 이때 올리는 판매 금액이 일 년 판매 금액의 20% 정도가 될 만큼 판매자와 소비자 모두에게 중요한 기간이다.

그대로 해석하면 검은 금요일인데 이렇게 블랙(black)이라고 표현하게 된데에는 이유가 있다. 장사를 해서 손해를 보면 장부에 빨간색(red)으로 표시를 하고 이익이 남으면 검은색(black)으로 표시한데서 유래한 말이다. 블랙 프라이데이는 장사가 잘 돼서 이익이 많이 남는 날이라는 의미를 가지고 있다.

## 바겐세일의 진실

> 삼겹살데이를 맞이해서 A마트에서는 삼겹살을 100g에 990원, B마트에서는 980원에 판매한다고 선전을 한다. 삼겹살뿐만 아니라 다른 제품들도 서로 비교해가면서 자기네가 더 싸다고 자랑한다. 미래는 이럴 때 필요한 물건을 저렴한 가격에 많이 사두면 도움이 되지 않을까 하는 생각이 들었다.

아빠. 드디어 우리 동네도 블랙 프라이데이처럼 가격전쟁이 시작됐어요.

그게 무슨 소리니?

이 전단지 좀 보세요. 삼겹살 가격을 서로 내려서 지금 평소 가격의 반값이 되어 버렸어요. 어느 마트에서 삼겹살을 사야 할지 행복한 고민을 해야 되겠어요. 그렇지 않아도 요즘 삼겹살이 너무 먹고 싶었거든요.

하하하, 미래가 행복한 고민에 빠졌구나.

아빠! 이렇게 마트끼리 서로 가격을 낮추면 소비자는 큰 이득을 보게 되겠죠? 마치 블랙 프라이데이처럼 말이죠.

- 물론 사야 할 물건을 싸게 산다면 절약이 된 만큼 소비자는 이득을 보겠지. 그런데 마트는 손해만 보고 소비자는 이득만 보는 것이 과연 가능할까?

- 저도 그게 늘 궁금했어요. 이렇게 싸게 팔아도 마트에 이익이 생길까요?

- 대형 마트를 한번 예로 들어보자. 이런 곳은 적어도 몇만 가지의 물건을 판매한단다. 그런데 전단지에 싸게 판다고 나와 있는 물건은 아무리 많아도 몇백 가지에 불과해. 나머지 물건은 여전히 정상가격에 판매한다는 뜻이지.

- 그러니까 실제로 싸게 판매하는 물건은 적다는 거네요.

- 그렇지. 싼 물건을 보고 마트로 갔다고 해서 사람들이 딱 그것만 사서 나가기가 쉬울까?

- 불가능하죠. 그건 정말 힘들다고 봐요. 제가 문구점에 가서도 필요한 것보다 더 사게 되는데 마트는 더 어렵죠.

- 그러니까 물건을 싸게 판다고 마트끼리 가격전쟁을 선포하면 소비자에게도 이득이 될 수 있겠지만 실제로는 마트의 이익이 생각보다 훨씬 크단다.

- 마치 블랙 프라이데이의 판매 금액이 1년 치 판매 금액의 20% 정도가 되는 것처럼 말이죠?

그래, 바로 그거야. 싸게 판다고 소문이 나면 사람들이 더 많이 오게 되고, 그렇게 온 사람들은 생각보다 더 사게 되겠지. 판매자는 싸게 파는 물건 몇 가지로 그보다 훨씬 많은 물건을 팔 수 있으니 이 정도면 괜찮은 마케팅 전략이 아니겠니?

그렇군요.

아빠가 문제를 하나 낼 테니 맞춰볼래?

예, 좋아요.

여기 생과일주스 두 잔을 반값에 주는 쿠폰이 있다고 치자. 아주 유명한 집이고 맛 좋은 조각 케이크와 도넛으로 유명한 곳이야. 평소에 마시고 싶던 생과일주스를 친구와 함께 반값에 마실 수 있는 기회가 왔는데 어떻게 해야 할까?

 이제는 왠지 좀 망설여지는데요.

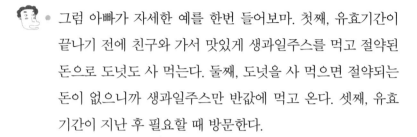 그럼 아빠가 자세한 예를 한번 들어보마. 첫째, 유효기간이 끝나기 전에 친구와 가서 맛있게 생과일주스를 먹고 절약된 돈으로 도넛도 사 먹는다. 둘째, 도넛을 사 먹으면 절약되는 돈이 없으니까 생과일주스만 반값에 먹고 온다. 셋째, 유효기간이 지난 후 필요할 때 방문한다.

두 번째요. 그래야 현명한 소비죠.

그럼 미래는 주스 가게의 마케팅 때문에 가게에 가서 돈을 쓰게 되는 거야. 원래 갈 계획이 없었는데 반값 쿠폰이 너의 마음을 움직인 셈이잖니. 아빠가 보기에는 세 번째 경우가 현명한 소비라고 본다. 필요할 때 가고 필요가 없다면 반값이 아니라 공짜라도 가지 않는 편이 현명하다고 생각해.

아, 정말 힘든 선택이네요. 마케팅은 정말 소비자 입장에서는 견디기 힘든 유혹이에요. 이제 알겠어요. 마트끼리 가격 전쟁을 선포하고 주스 가게에서 반값 쿠폰을 나누어주는 것이 마트와 주스 가게 입장에서는 결코 손해가 아니라는 점. 그리고 소비자에게도 늘 이익이 아니라는 점 말이에요.

이제 미래가 정말 성숙한 소비자가 된 것 같구나. 마케팅이 넘쳐나는 시대에 소비자는 좀 더 현명해지고 똑똑해질 필요가 있단다.

## 미끼상품 Loss leader

작은 미끼로 물고기를 유인해서 낚는 낚시에서 유래된 용어이다.
말 그대로 소비자들이 자주 찾거나 잘 알려져 있는 제품 몇 개를 다른 상점보다 훨씬 저렴하게 판매한다. 그러면 소비자들은 그 상품을 사기 위해서 상점에 방문하게 되고 결국 다른 여러 가지 상품도 구매하게 된다. 소비자들을 우선 상점으로 불러 모으고 그 다음 다른 제품을 판매함으로써 이익을 추구하는 전략이다. 이때 다른 상점보다 훨씬 저렴하게 판매하는 제품이 '미끼상품'이 된다.

## 가격파괴 Price distruction

업체 간 경쟁으로 인해 가격을 대폭 낮추어 판매하게 됨으로써 기존에 형성되어 있던 가격이 무너지는 현상. 요즈음에는 가격을 낮추거나 할인행사에 흔히 사용하는 용어가 되어 버렸다.
2010년 가을, 이마트가 꽃게를 100g에 890원에 광고하자, 롯데마트는 같은 기간 880원으로 10원 낮추어 판매했다.

# 5장

# 마케팅과
## 유통(Place)

# 삼각 김밥과 컵라면이 생각날 때면 편의점으로 가게 된다

## 유통과 마케팅

> 미래는 삼각 김밥이나 컵라면이 생각날 때면 방과 후 집으로 오는 길에 편의점을 애용한다. 편의점에서만 파는 컵라면과 삼각 김밥은 가격이 싸고, 맛도 좋아서 자주 이용하게 된다. 다른 가게에는 없는 편의점 제품에 푹 빠진 미래에게 아빠는 유통이 왜 중요한지 알려준다.

● 학교 다녀왔습니다.

● 그래~. 오늘은 날씨가 아주 좋았지?

● 아주 끝내줘요. 근데 이런 날은 왠지 더 출출하더라고요. 그래서 학교 끝나고 오는 길에 편의점에서 삼각 김밥에 컵라면 하나 사 먹었어요.

● 이 녀석, 누굴 닮아서 그렇게 배고픈 걸 못 참니?

● 당근 아빠죠. 헤헤~.

● 삼각 김밥하고 컵라면이 질리지도 않니?

그게 얼마나 맛있는데요? 종류도 많고 또 먹을 때마다 느낌이 달라요. 엄만 모르실 거예요.

하긴 지난번에 네가 사다 준 삼각 김밥을 먹어보니 간편하고 맛도 괜찮아서 네가 좋아할 만하겠더라.

맞아요! 제가 좋아하는 이유가 바로 그거예요. 맛도 좋고 간편하거든요. 얼른 먹고 다른 걸 할 수 있어서 좋아요. 특히 학교 앞 편의점에서 파는 삼각 김밥하고 컵라면은 출출할 때 최고예요. 그걸 먹으려면 꼭 그 편의점에 가야 하거든요.

삼각 김밥은 편의점마다 다 똑같은 것 아니었어?

무슨 말씀이세요. 편의점마다 삼각 김밥 종류가 다 달라요. 컵라면도 그 편의점에서만 파는 것이 따로 있는데요. 어디나 가격이 저렴한 건 마찬가지지만요.

그렇구나. 편의점 회사가 마케팅 전략을 잘 짠 모양이네.

마케팅 전략이요?

그래. 마케팅 전략에서 '유통(Place)'은 정말 중요하단다. 유통은 상품이나 서비스가 소비자에게 전달되는 과정을 말하지.

아빠! 삼각 김밥하고 유통(Place)이 무슨 상관인 거예요?

미래야. 네가 삼각 김밥을 먹으려면 편의점에 가야 한다고 하지 않았니?

그랬죠.

그리고 네가 좋아하는 삼각 김밥을 먹으려면 꼭 그 편의점에 가야 한다고도 했지?

예, 맞아요.

게다가 그 편의점에서만 판매하는 컵라면도 있다면서?

예! 그것도 맞아요.

그래서 그 편의점 회사가 마케팅을 아주 잘했다는 거야. 꼭 그 편의점에 가야만 미래가 좋아하는 삼각 김밥과 저렴한 컵라면을 먹을 수 있으니 말이다.

조금씩 이해가 가긴 하지만 솔직히 아직까지는 정확히 모르겠어요.

그럼 다시 한 번 생각해보자. 유통(Place)은 제품이나 서비스가 소비자에게 전달되는 과정이라고 했던 건 기억하니?

아, 기억나요.

미래가 좋아하는 삼각 김밥과 저렴한 컵라면은 왜 그 편의점에서만 팔까?

글쎄요? 저도 그게 궁금해요.

그건 바로 그 삼각 김밥과 컵라면이라는 상품을 그 편의점에서만 소비자에게 전달하는 유통전략을 세웠기 때문이야.

아하! 그래서 제가 그 편의점에 갈 수밖에 없었네요. 그런데 왜 가격은 저렴한 거예요? 보통 편의점은 가격이 비싼데 삼각 김밥하고 컵라면은 가격이 착하거든요.

그건 삼각 김밥과 라면을 만드는 회사가 물건을 편의점 회사에 직접 공급하기 때문에 물건을 받는 단계가 줄어들어서 가격도 싼 거란다.

그렇군요. 이제 좀 이해가 가요. 물건을 어떻게 소비자에게 전달하느냐 하는 전략이 마케팅에서 정말 중요하네요.

그래서 유통은 마케팅에서 빼놓을 수 없는 핵심요소란다.

그런데 아빠! 아까 삼각 김밥과 라면을 만드는 회사가 제품을 편의점 회사에 직접 공급하기 때문에 가격이 싸다고 하셨잖아요?

그랬지.

그러면 제품을 만드는 모든 회사들이 제품을 판매하는 회사에 직접 공급하면 가격이 저렴해지고 결국 소비자에게 좋은 것 아닌가요?

미래 말이 맞긴 한데 몇 가지 살펴봐야 할 것이 아직 남아있단다. 다음에 계속 들어보겠니?

예, 아빠. 너무 궁금하네요.

**제품이나 서비스가 소비자에게 전달되는 과정.**

생산자가 아무리 좋은 상품을 생산하였다고 해도 그 상품이 소비자에게 전달되지 못하면 아무런 소용이 없다. 또, 전달이 되더라도 신속하게 구매하기 쉬운 장소에 전달되는 것이 더 효과적이다. 만약 입맛에 맞는 김치가 있는데 그 김치를 파는 곳이 전국에 5곳 밖에 없다면 소비자는 그 김치를 포기하고 구매하기 쉬운 다른 김치를 사게 될 것이다. 또한, 유통이 제대로 되지 못하면 생산자는 좋은 상품을 만들어 놓고도 장사가 되지 않아 어려움에 처하게 될 수도 있다.

**생산자의 상표가 아닌 판매자(유통업체)의 상표를 붙여서 판매하는 상품.**

PB상품(private brand products)과 거의 동일한 의미로 사용된다.

PL상품은 중간 유통단계를 생략하고 광고비용이 들지 않기 때문에 판매자는 경쟁사보다 저렴하게 판매하여 판매량을 늘릴 수 있고, 소비자는 싼 가격에 구매할 수 있다는 장점이 있다.

예) 코스트코(COSTCO)의 커클랜드 시그니춰(Kirkland Signature), 이마트의 '이플러스', 롯데마트의 '통큰', 홈플러스의 '좋은 상품' 등이 대표적이다.

# 유통단계를 줄이면 한우도
# 돼지고기 값에 먹을 수 있을까?

## 유통경로와 필요성

미래와 아빠 그리고 엄마는 간만에 외식을 나갔다. 한우를 먹고 싶다는 미래의 강력한 주장에 따라 고깃집에 갔는데 가격을 본 미래는 깜짝 놀란다. 뉴스에서는 한우 가격이 많이 떨어졌다고 하는데 음식점이나 정육점 가격은 예전과 별 차이가 없었기 때문이다. 미래는 한우가 많이 싸져서 한우를 실컷 먹을 수 있었으면 한다.

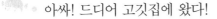 아싸! 드디어 고깃집에 왔다!

미래가 고기 앞에서 너무 약해지는데?

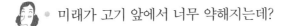 엄마, 저도 어쩔 수 없어요. 오늘은 진짜 실컷 먹고 싶거든요.

자~, 그럼 뭘 먹을까?

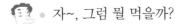 아빠! 오늘은 정말 오래간만에 왔는데 한우 먹으면 안 돼요?

한우 좋지. 그럼 얼마인지 가격표를 한번 볼까?

 오 마이 갓! 이렇게 비싸요? 배부르게 먹으려면 한 끼에 제한 달 영어학원비보다 더 많은 돈을 내야겠어요.

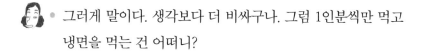

그러게 말이다. 생각보다 더 비싸구나. 그럼 1인분씩만 먹고 냉면을 먹는 건 어떠니?

좋아요. 갈비를 포기할 순 없고, 냉면이랑 같이 먹어야겠어요. 여기 갈비 3인분에 냉면 주세요!

하하, 미래가 엄청 배가 고팠나 보구나. 혼자 주문을 막 하는 걸 보니.

아빠. 요즘 한우 가격이 내렸다고 들었는데 여긴 왜 이렇게 비싼 건가요?

글쎄다. 농장에서 한우는 싸게 팔지만 소비자가 먹기에는 여전히 비싼 것 같구나.

그럼 유통이 문제네요. 유통은 제품이나 서비스가 소비자에게 전달되는 과정이잖아요.

그랬지. 이것은 유통경로라고도 하는데 농장에서 아무리 한우를 싸게 내놓아도 유통경로가 바뀌지 않으면 소비자는 가격이 내려갔다는 사실을 크게 느낄 수가 없단다.

유통경로요?

제품이나 서비스가 소비자에게 전달되는 단계와 길을 말해. 유통경로가 복잡하면 그만큼 마지막 단계에 있는 사람은 비싸게 제품을 받을 것이고, 유통경로가 단순하면 상대적으로 저렴해지지.

그러면 유통경로를 단순하게 하면 되지 않을까요? 한우를 기르시는 분들이 정육점이나 식당에 바로 팔면 한우 가격이 훨씬 싸질 것 같은데요.

좋은 생각이긴 하지만 그렇게 간단하지만은 않단다.

왜요? 유통 경로를 줄여서 단순하게 하면 가격이 싸지니까 소비자도 좋고, 판매하는 사람도 많이 팔리니까 좋을 것 같은데요.

잘 생각해보렴. 만약 네가 횡성에서 한우를 키우는 사람이라고 하자. 너와 거래하는 음식점이 40곳이고, 정육점이 20곳이라면 총 60곳의 음식점과 정육점에 고기가 필요할 때마다 직접 가져다 줘야하는데 괜찮겠니?

어? 그러네요. 총 60곳에 계속 제품을 공급해야 하니 보통 힘든 일이 아닐 것 같아요.

힘들고 덜 힘들고의 문제보다도 60곳의 장소에 필요할 때마다 한우를 보내려면 트럭도 사야 하고, 기름 값도 들고, 자동차 수리비에 한우가 상하지 않게 평소에 보관해두어야 할 대형 냉장고도 있어야 하니까 돈이 훨씬 많이 들지 않을까?

그렇군요…….

그러면 한우를 기르는 사람은 계속 싼 가격에 한우를 공급해줄 수 없겠지?

힘들겠죠. 트럭도 사야 하고, 기름 값도 내야 하고, 냉장고도 사야 하고 돈이 많이 들어갈 것 같아요. 그러면 당연히 한우 가격도 올려서 받아야겠죠.

결국 유통경로를 줄이면 소비자가 조금 싼 가격에 제품을 살 수는 있겠지만, 이것은 생각보다 쉬운 일이 아니란다. 자칫 비용이 너무 많이 들어가면 오히려 생각보다 가격이 싸지지 않을 수도 있고 말이야.

그러네요. 유통경로를 줄인다고 생각만큼 가격이 싸지는 것도 아니고 의외로 비용이 많이 발생할 수도 있을 것 같아요. 그럼 어떻게 해야 한우를 좀 더 싸게 먹을 수 있을까요?

우선, 필요 이상으로 많은 단계를 줄이는 것이 제일 중요해.

그럼 총 60곳의 정육점과 식당에 고기를 가져다주는 유통단계는 필요하지만, 그 이상으로 많은 단계가 있으면 가격이 올라가니까 줄여야 한다는 말씀이시죠?

그래, 바로 그거야. 꼭 필요한 유통경로는 농장주와 소비자 모두에게 도움을 준단다. 하지만 필요 이상으로 많은 복잡한 유통경로는 도움이 되지 않아.

맞아요. 중간에 너무 많은 단계와 경로가 있으면 소비자와 농장주에게는 피해가 갈 수밖에 없다고 생각해요.

그래서 요즘에는 농협에서 운영하는 직거래 장터나 일부 음식점들이 중간 단계를 없애고 농장에서 직접 물건을 받아서 소비자에게 저렴한 가격에 판매하기도 한단다.

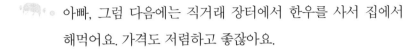 아빠, 그럼 다음에는 직거래 장터에서 한우를 사서 집에서 해먹어요. 가격도 저렴하고 좋잖아요.

그래, 좋은 생각이구나. 한우 한번 마음껏 먹어보자!

유통단계, 유통과 유사한 의미로 사용되며, 상품이나 서비스가 소비자에게 전달되는 단계와 길을 의미한다. 만약 A라는 상품이 소비자에게 전달되는데 5단계, B라는 상품은 2단계가 각각 존재한다면, A는 유통경로가 복잡하고 B는 유통경로가 단순하다고 말할 수 있다.

유통경로가 단순하면 복잡한 경우보다 소비자 가격이 저렴해지는 장점이 있다.

한국농촌경제연구원의 발표에 따르면 1990년대부터 2012년까지 약 20년 동안 돼지고기와 닭고기 등의 산지 가격(원산지에서 생산자가 상품을 그 다음 유통단계로 판매하는 최초의 가격)은 매년 떨어진 반면 소비자 가격은 매년 꾸준히 상승했다고 한다. 농장에서 고기를 싸게 내놓아도 소비자가 비싸게 사먹을 수밖에 없었다는 말이다.

이렇게 가격이 반대로 움직이게 된 데에는 몇 가지 이유가 있다. 우선 유통에 들어가는 비용 즉 기름 값, 통행료, 인건비, 시설비 등이 상승하여 고깃값이 떨어져도 이를 소비자 가격에 제대로 반영하기가 쉽지 않았다는 점이다. 그 다음으로는 유통업체들이 이윤을 추구하고자 하는 마음이 크다보니 가격을 낮추려는 노력보다는 마진을 높이려는 욕구가 강하게 작용한 점도 있다. 고기 가격이 떨어졌을 때 가격을 오히려 올린다면 양쪽에서 2배의 이윤을 얻을 수 있으니 유통을 하는 사람이나 기업 입장에서는 커다란 유혹이 아닐 수 없다.

## 직거래는 다 좋고, 중간상은 다 나쁘다?

### 직접유통경로와 간접유통경로

> 아빠와 직거래 장터에서 한우를 사온 미래는 가격이 상당히 저렴하다는 것을 알게 되었다. 그래서 앞으로 직거래 장터가 계속 늘어나면 물가도 안정되고 소비자들도 모두 좋아할 것이라고 생각한다. 하지만 아빠는 직거래가 소비자들에게 다 좋은 것은 아니라고 하신다. 왜일까? 가격이 싸면 소비자들이 좋아할 텐데 말이다. 그 이유가 정말 궁금하다.

아빠. 직거래 장터에서 한우를 사오니까 싸고 좋은데요?

그렇지? 가격이 저렴하면서도 물건까지 좋아 보이는구나.

줄 서 있던 사람들이 가격이 저렴하다고 하는 말을 여러 번 들었어요. 유통경로가 단순하니까 가격이 낮아진 것 아닐까요?

그렇단다.

그런데 궁금한 게 하나 있어요. 이런 직거래 장터가 계속 늘어나면 물가도 안정되고 소비자들이 모두 좋아할 것 같은데 다른 상품들도 이런 식으로 판매하면 훨씬 좋지 않을까요?

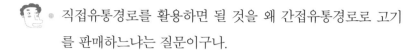 직접유통경로를 활용하면 될 것을 왜 간접유통경로로 고기를 판매하느냐는 질문이구나.

갑자기 단어가 어려워졌어요. 무슨 뜻이에요?

말 그대로 생산자와 소비자가 직접 연결되는 유통경로를 직접유통경로라고 해. 그리고 생산자와 소비자 사이에 중간상이 있는 것이 간접유통경로이지.

제 말이 바로 그거예요. 유통경로를 생산자와 소비자가 직접 연결되도록 하면 소비자에게는 정말 좋은 일 아닐까요?

하지만 의외로 직접유통경로가 소비자 입장에서는 매우 불편할 수 있단다.

불편하다고요? 이해가 잘 안 가요.

만약 미래가 오늘 돼지고기, 양파, 콜라, 쌀, 양말, 휴지, 형광등을 사야 한다면 어디로 가는 것이 편할까?

슈퍼마켓에 가서 사면 한방에 해결되죠. 시간도 절약되고요.

지금 네가 말한 슈퍼마켓을 중간상이라고 해. 생산자와 소비자 사이에 있는 판매자이지. 너는 여러 가지 물건을 슈퍼마켓이라는 중간상에서 구매함으로써 한번에 물건을 살 수 있고 덕분에 시간도 절약할 수 있겠지?

어, 그러네요.

이번에는 직접유통경로로 구매를 한다고 해보자. 쇼핑을 하기 위해서 여러 가게를 들러야 하지 않을까?

정육점, 식료품점, 채소가게, 쌀가게, 옷가게, 생활용품점, 조명가게 이렇게 돌아다녀야 할 것 같네요. 이건 너무 힘들잖아요.

그래. 그래서 직거래는 다 좋고, 중간상은 나쁘다는 시각은 옳지 않단다. 중간상이 있으면 거래수를 줄여주는 효과가 있어. 거래하는 횟수를 줄여준다는 말인데 소비자가 가게를 일일이 가지 않고 쇼핑을 할 수 있다는 장점이 있는 거야.

다시 한 번 공부가 됐어요.

그렇지? 중간상도 유통경로에서 꼭 필요한 역할이고 소비자에게 도움을 준단다.

그럼 두 가지 유통경로 중에서 어떤 것을 선택해야 현명한 소비자가 될까요?

시간절약과 편리함이 중요하면 간접유통경로로 물건을 구매하면 되고, 저렴한 가격이 중요하다고 판단되면 직접유통경로로 구매하면 된단다.

결국 고기가 땡기면 이렇게 직거래 장터에 와서 구매하면 되고, 한꺼번에 여러 종류의 물건을 구매해야 하고 시간을 절약하고 싶다면 간접유통경로를 이용하면 된다는 말씀이시네요.

그렇지! 바로 그거야.

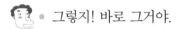

**직접유통경로**

**생산자와 소비자가 직접 연결되는 유통경로.**
중간상이 없기 때문에 유통경로가 단순하고 저렴한 가격으로 상품을 구매할 수 있다는 장점이 있다.

**간접유통경로**

**생산자와 소비자 사이에 중간상이 있는 유통경로.**
중간상의 마진 때문에 가격이 올라가는 단점이 있지만 소비자 입장에서는 거래횟수가 줄어들어 시간을 절약할 수 있다는 장점이 있다.

# 네모난 강철박스 컨테이너가 세상을 바꾸다

## 유통의 힘과 중요성

맛있는 치즈를 먹으며 아빠와 유통(Place)이 얼마나 중요한지 이야기를 나누던 미래는 자신이 좋아하는 치즈가 덴마크에서 만든 것이라는 걸 알게 된다. 그리고 전 세계의 다양한 제품이 각국의 소비자에게 전달되는데 가장 획기적인 영향을 미친 것이 컨테이너 때문이라는 말을 아빠로부터 듣게 된다.

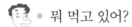뭐 먹고 있어?

제가 좋아하는 치즈요.

아빠도 치즈 좋아하지. 그건 어떤 회사가 만든 거니?

잠깐만요. 어, 이거 덴마크에서 생산했는데요. 그럼 유럽에서 한국으로 유통이 된 거네요!

그렇지. 덴마크라는 나라의 생산자가 만든 제품이 한국이라는 소비자에게 유통(Place)이 된 거란다.

너무 당연한 것처럼 느껴지지만 한편으로는 어떻게 이런 일이 가능할까 희한하기도 해요. 특히 치즈는 쉽게 상하는 제품인데 이렇게 나라와 나라 사이에 유통이 된다는 것이 신기하고요.

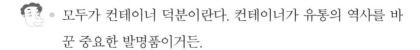 모두가 컨테이너 덕분이란다. 컨테이너가 유통의 역사를 바꾼 중요한 발명품이거든.

컨테이너요? 그거 쇠로 만든 엄청 큰 네모난 박스 아니에요?

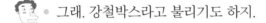 그래. 강철박스라고 불리기도 하지.

고속도로에서 큰 차들이 뒤에 싣고 다니는 걸 봤어요. 특히 부산에 가면 엄청 많잖아요. 그리고 배에도 어마어마하게 싣고 다니던데 그 컨테이너가 유통의 역사를 바꾼 발명품이라고요?

컨테이너는 1956년 말콤 맥린(Malcolm Mclean)이라는 사람이 처음으로 발명했단다. 그전까지는 물건을 인부들이 일일이 배로 옮기거나, 배에서 밖으로 내렸는데 컨테이너가 발명되면서 많은 물건을 한번에 이동할 수 있게 된 거야. 컨테이너는 한 번에 보통 2만kg 정도의 물건을 담을 수 있단다.

2만kg이요? 우와 정말 대단하네요. 만약 그 많은 물건을 인부들이 일일이 손으로 옮긴다면 정말 시간도 오래 걸리고 힘들 것 같은데요.

무엇보다 한 번에 많은 물건을 옮길 수 있으니까 속도도 빨라지고, 많은 인부들을 쓰지 않아도 되니까 인건비를 절약

할 수 있어서 제품 가격도 저렴해지겠지?

그러네요. 정말 컨테이너는 대단한 발명품임에 틀림없어요.

맞는 말이야. 만약 덴마크에 있는 치즈 생산자가 물건을 항구로 보내고, 항구에서 그 치즈를 인부들이 일일이 배로 옮기고, 다시 한국에 도착한 치즈를 인부들이 배에서 트럭으로 옮기고, 그래서 미래에게 전달되었다면 치즈 가격은 엄청 높았을 것이고, 바다에서 치즈가 상했을지도 몰라.

그럼 치즈나 생선과 같은 식품을 상하지 않게 하는 컨테이너도 있나요?

물론 있지. 냉장 컨테이너, 냉동 컨테이너가 있단다. 컨테이너에 간단하게 냉장 혹은 냉동장치를 붙이면 바다 위를 지나가며 뜨거운 태양 아래에 컨테이너가 있어도 그 안에 있는 물건은 전혀 상하지 않거든.

다시 한 번 컨테이너의 위대함을 느끼네요.

컨테이너 모서리에는 다른 컨테이너와 쉽게 연결될 수 있도록 연결 장치가 있어서 높이 쌓아 놓기도 편하고 옆으로 나란히 늘어놓기도 편하단다.

단순히 네모난 강철박스가 아니네요. 알면 알수록 대단한 발명품이라는 생각이 들어요.

그래. 게다가 컨테이너는 집으로도 사용되고 수명이 다한 후에는 고철을 녹여서 재활용할 수 있으니 버릴 것이 하나도 없단다.

덴마크의 제품을 한국의 소비자가 구매할 수 있도록 유통을 도와주고, 물건도 상하지 않게 해주고, 한꺼번에 2만kg 정도의 물건을 실어 나르고, 집으로도 쓰이면서 마지막에 재활용까지! 컨테이너는 정말 착하네요.

아빠도 그렇게 생각해. 컨테이너는 전 세계 사람들에게 유통의 큰 혜택을 누릴 수 있게 해준 위대한 발명품이란다.

컨테이너는 유통의 엄친아, 엄친딸이네요!

하하하하!

1956년, 말콤 맥린(Malcolm Mclean)이라는 사람이 처음으로 발명했다. 컨테이너는 한 번에 보통 2만kg 정도의 물건을 담을 수 있으며 그보다 용량이 2배가 되는 컨테이너도 있다. 컨테이너가 발명되기 전까지는 물건을 인부들이 일일이 배로 옮기거나, 배에서 밖으로 내렸지만 컨테이너가 발명되면서 많은 물건을 한 번에 이동할 수 있게 됐다. 컨테이너는 유통의 역사를 바꾼 발명품이라는 찬사를 받고 있다. 또한, 말콤 맥린은 2007년 포브스가 선정한 '20세기 후반 세계를 바꾼 인물 15인'에 선정되기도 했다.

# 이제 인터넷, 스마트폰, 지하철역에서도 구매한다

## 온라인 유통의 성장

> 미래는 엄마와 버스를 타고 얼마 전에 퇴원하신 큰 이모네 댁에 잠시 들른다. 그리고 돌아오는 길은 차가 막힐 것 같아서 지하철을 이용한다. 그런데 지하철역에서 희한한 장면을 보게 된다. 사람들이 스마트폰을 들고 물건을 들여다보고 있던 것이다.

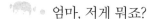 엄마, 저게 뭐죠?

 뭐 말이니?

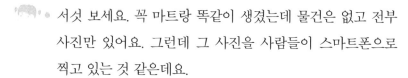 서섯 보세요. 꼭 마트랑 똑같이 생겼는데 물건은 없고 전부 사진만 있어요. 그런데 그 사진을 사람들이 스마트폰으로 찍고 있는 것 같은데요.

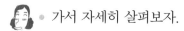 가서 자세히 살펴보자.

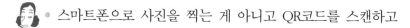 과자에서 채소까지 여러 가지 제품 사진이 있는데요. 별로 대단한 사진은 아닌 것 같은데.

 스마트폰으로 사진을 찍는 게 아니고 QR코드를 스캔하고

있는 거야.

QR코드를 스캔하는 이유가 뭔데요?

엄마도 얼마 전 신문에서 보고 알게 됐는데, 스마트 가상 스
토어라고 해서 소비자가 직접 매장에 가서 물건을 사는 것
이 아니라 스마트폰으로 물건을 구매하는 방식이란다.

어떻게 그게 가능하죠?

소비자가 스마트폰으로 물건을 고른 후에 결재를 하면, 고
객이 알려준 주소로 물건을 바로 배송해주는 거지.

우와! 정말 편리하겠는데요. 이런 일이 가능하다니 유통의
혁명이네요.

이제 유통은 온라인으로 확대되어서 시간과 장소의 제한 없
이 언제라도 가능한 시대가 됐어. 컴퓨터를 이용해서 인터
넷 쇼핑몰에서 물건을 얼마든지 살 수 있으니 유통의 혁명
이라는 미래 말이 맞아.

TV 홈쇼핑으로도 살 수 있고, 스마트폰으로도 살 수 있고요.

그래. 유통은 우리 주변에 정말 가까이 있지?

예. 그리고 아빠가 컨테이너가 유통의 역사를 바꾼 위대한
발명품이라고 하셨는데, 이제 21세기에는 인터넷이 유통의
역사를 바꾸는 위대한 발명품이라는 생각이 드네요.

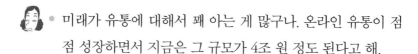

미래가 유통에 대해서 꽤 아는 게 많구나. 온라인 유통이 점점 성장하면서 지금은 그 규모가 4조 원 정도 된다고 해.

4조요? 저는 감이 안 오는데요.

우리나라 인구가 4천만 명 정도 되니까 1인당 10만원 어치 물건을 매장에 직접 가서 산 것이 아니라 온라인으로 샀다고 보면 되겠지?

엄청나네요? 엄마 이제 유통은 온라인을 통해 무럭무럭 자라고 있다는 생각이 들어요.

마케팅을 효과적으로 잘 하려면 이제 온라인을 생각하지 않을 수 없단다. 온라인으로 판매하는 유통전략 없이는 마케팅을 잘하기는 힘든 세상이야.

마케팅에서 유통이 이렇게나 중요한지는 몰랐어요. 아무리 좋은 물건도 소비자에게 더 쉽고, 더 빠르고, 더 편리하게 전달되지 않는다면 마케팅은 성공하기 힘들다는 생각이 들어요.

미래가 이제는 유통 전문가, 마케팅 선생님이 다 됐네.

책은 서점에서 판매한다는 고정관념을 깨고 온라인에서 책을 직접 구매할
수 있도록 한 방식의 서점.

1995년 미국의 아마존(Amazon)이 최초의 인터넷 서점이며, 2년 후 우리
나라에도 인터넷 서점들이 속속 등장했다. 우리나라에서는 예스24, 인터
넷 교보문고, 인터파크, 알라딘 등이 대표적인 인터넷 서점이다. 온라인
서점은 오프라인 서점에 비해 저렴한 가격으로 책을 판매하고 적립금을
주는 등의 혜택을 제공하여 빠르게 성장했다. 그러나 책을 상세히 읽어보
고 살 수 없다는 단점도 여전히 존재한다.

온라인 서점의 등장 이후 많은 서점들이 자취를 감추게 되었지만 여전히
교보문고는 2,600여 평에 이르는 대한민국 최대 규모의 서점을 서울 광
화문에서 운영하고 있으며 온라인 서점도 성공적으로 운영하고 있다.

1995년 11월 피에르 오미디아르(Pierre Omidyare)가 설립한 이베이(eBay)
는 온라인 유통의 상징적인 회사이다. 전 세계를 상대로 거래하며 처음에
는 물건 값을 흥정하여 판매하는 경매방식을 채택하다가 이후에는 판매자
와 구매자를 바로 연결시키는 즉시구매 방식을 도입하여 크게 성공한다.

현재 우리나라의 옥션(Auction)의 최대주주(실질적인 주인)이며, 지마켓
(Gmarket)도 인수하여 대한민국 온라인 상점의 1인자 자리를 지키고 있다.

# 6장

# 마케팅과
## 촉진(Promotion)

# 반복해서 보면 자꾸
# 따라하게 되고 좋아진다

## 광고의 힘

> 혼자 무엇인가를 계속 흥얼거리는 미래에게 아빠는 기분이 왜 그렇게 좋은지 물어본다. 미래는 기분이 좋은 것이 아니라 자기도 모르게 광고에 나오는 노래를 따라 부르게 됐다고 하면서 따라 부르다 보니 왠지 그 제품이 좋아졌다고 말하는데…….

● 손이 가요, 손이 가~.

● 미래가 오늘 기분이 좋구나. 학교에서 재미있는 일이 있었나 보네?

● 그게 아니고요. TV 광고를 요즘 자주 봤더니 계속 이 노래를 따라하게 되네요.

● 아빠도 그 광고 좋아한단다. 예전부터 라디오와 TV에서 자주 나왔지.

● 진짜 이상해요. 광고를 보게 되니까 저도 모르게 자꾸 노래를 흥얼거리고, 왠지 요즘 이 과자를 더 많이 사먹고 좋아하게 됐어요.

그래. 광고란 원래 사람들이 제품이나 서비스를 더 잘 기억하게 하고 선택하게 만드는 힘이 있단다. 특히 그 과자회사의 광고는 따라 부르기 쉬운 노래를 통해서 마케팅을 효과적으로 잘하고 있지.

광고는 정말 묘한 것 같아요. TV에서 나오는 광고를 보면 신기하고 재미있고 점점 제품에 호기심을 갖게 만들어요.

반복해서 보면 자꾸 따라하게 되고 따라하다 보면 나도 모르게 좋아하게 된단다. 그것이 광고가 갖는 힘이고 광고가 노리는 효과이기도 해.

그러면 모든 기업들이 광고를 통해서 사람들이 제품을 좋아하고 더 많이 사게 하면 되겠네요.

물론 광고는 아주 강력한 마케팅 전략 중에 하나이지. 하지만 모든 기업들이 하기에는 어려운 점도 있단다.

왜요? 광고가 이렇게 효과가 좋은데 어렵더라도 무조건 해야 하지 않나요?

광고는 장점이 많지만, 짧은 시간에 많은 사람들에게 제품이나 서비스를 알리는 것이 목적이기 때문에 비용이 많이 든단다. 그래서 모든 기업들이 무턱대고 하기에는 금전적으로 부담이 많이 될 수밖에 없어.

광고가 그렇게 비싸요?

어디에 광고를 내느냐에 따라서 많이 다르지만 우리가 흔히 보는 TV 광고는 광고 중에서도 가장 비싼 편에 속해. 광고 쪽은 엄마가 전문가니까 엄마에게 물어볼까?

엄마, 광고에 대해서 알고 싶은 게 많아요. 우선 광고비에 대해 알고 싶은데요.

간단한 예를 하나 들어볼게. 광고는 보통 30초의 미학이라고 말하는데, 이것은 30초라는 짧은 시간에 고객의 마음을 움직여야 하기 때문이란다. 그런데 그런 30초짜리 광고가 9시 뉴스에 나온다면 한 번에 몇천만 원을 내야 하지.

정말요? 아니 30초에 몇천만 원이면 정말 엄청나네요.

그건 아무것도 아니야. 미국에 〈슈퍼볼〉이라는 미식축구 경기 결승전이 있는데 전 세계 1억 3천만 명이 동시에 그 게임을 본단다. 그런데 그 결승전에 나오는 30초짜리 광고의 광고비는 무려!

무려 얼마요?

30초에 41억 원!

말도 안 돼요! 어떻게 그렇게 비쌀 수가 있죠.

그래서 아빠가 모든 기업들이 무턱대고 하기에는 금전적으로 부담이 된다고 하신 거야.

정말 그러네요. 그럼 이렇게 광고가 비싼데도 하는 이유가 뭐죠?

당연히 효과가 크기 때문이지! 기업들은 짧은 시간에 사람들이 더 잘 기억하고 이해할 수 있도록 다양한 방법으로 광고의 효과를 높이는 방법을 연구하고 있단다.

충분히 이해가 가요. 만약 광고가 재미없거나 무슨 말을 하는지 사람들이 잘 이해하지 못하면 엄청난 돈이 낭비되는 거네요.

그렇단다.

아빠, 그러면 광고의 효과를 높이기 위해서 사용하는 방법에는 어떤 것이 있나요?

지금부터 한번 살펴볼까?

예, 좋아요.

대가를 지불하고 여러 매체를 활용하여 제품을 알리는 작업을 광고라고 한다. 설득의 예술이라고도 불린다. 흔히 보는 신발, 과자, 음료수, 핸드폰, 게임 등은 TV, 신문, 인터넷 검색엔진에 광고로 자주 등장한다. 광고는 많은 사람들에게 빠른 시간에 제품을 알릴 수 있는 장점이 있다. 하지만 광고를 하기 위해서는 실제로 많은 돈이 필요하다.

## 중독성이 강한 광고들

가장 광고를 많이 하는 회사의 광고가 중독성이 강하다. 그 만큼 TV에 자주 등장하기 때문에 기억에 잘 남는다. 우리나라에게 가장 광고를 많이 하는 업종은 통신업이다. 휴대폰 회사의 광고는 하루에도 수십 번씩 등장한다.

SK 텔레콤 – "생각대로 T", "늘"
KT 올레 – "올레~", "빠름~ 빠름~"
LG 유플러스 – "오빠 유플스타일!"

김연아 언니가 나오면
왠지 사고 싶다

## 스타 마케팅과 광고효과

> 광고비용이 생각보다 엄청나게 비싸다는 것을 안 미래는 광고에 대해서 점점 더 궁금해졌다. 특히 광고효과를 높이기 위해서는 어떤 방법들이 있는지 궁금했다. 그래서 아빠에게 광고에 대해서 좀 더 여쭤보기로 한다.

아빠, 광고비가 생각보다 엄청 비싸다는 것을 이제는 알겠어요. 그런데 아무리 생각해봐도 광고를 사람들이 기억하지 못하거나, 제품을 효과적으로 알리지 못하면 광고비 낭비가 심할 것 같아요.

맞아. 광고를 하는 기업 입장에서는 효과적인 방법을 쓰지 않으면 광고비가 아까울 수밖에 없어. 그래서 스타 마케팅을 통해 광고 효과를 높이는 것을 선호한단다.

스타 마케팅요?

유명한 스타를 등장시켜서 기업의 이미지, 제품과 서비스의 좋은 점을 사람들에게 알리는 방법을 말해. 미래는 김연아 선수가 광고하는 제품을 보면 어떤 생각이 드니?

김연아 언니 짱이죠! 저 정말 좋아해요. 예쁘고, 피겨도 세계 1등이잖아요. 언니가 광고하는 제품은 솔직히 다 좋아요. 사고 싶고 소문도 많이 내고 싶고 그래요.

하하, 미래가 김연아 선수의 팬이었구나. 그럼 다른 사람들은 어떻게 생각할까?

다른 사람들도 마찬가지죠. 제 친구들만 봐도 그래요. 다들 완전 광팬이에요.

바로 이렇게 많은 사람들이 좋아하는 스타를 활용해서 제품과 서비스를 알리는 것은 생각보다 큰 효과가 있단다. 우리나라에서뿐만 아니라 전 세계의 모든 기업들이 스타를 적극적으로 활용해서 광고를 하고 있어.

어떤 스타들이 있나요?

광고에 자주 나오는 스타를 떠오르는 대로 말해보렴. 스포츠 스타는 누구?

베컴, 박지성!

개그맨은 누구?

유재석, 신동엽!

영화배우는 누구?

장동건, 전지현!

가수는 누구?

수지, 아이유!

하하, 이러다가 밤새우겠다. 이렇게 네가 언급한 스타들은 다른 사람들도 비슷하게 떠올릴 가능성이 높지. 그래서 모르는 사람보다는 스타를 활용한 광고를 하게 되고 말이야.

그럼 광고에 스타가 등장하는 기업의 제품이나 이미지는 정말 좋겠네요?

대부분은 그렇단다. 하지만 스타를 활용한 광고도 조심해야 할 것이 있어.

그래요? 어떤 건데요?

만약 우리가 바른생활을 하고 아주 착한 사람이라고 생각했던 스타가 알고 보니 우리의 생각과 반대로 행동하는 사람으로 밝혀진다면?

많은 사람들이 실망하겠죠. 그리고 그 광고를 한 회사도 무척 실망할 것 같은데요.

이런 경우에는 실망으로 끝나는 것이 아니라 그동안 광고했던 내용이 모두 거짓말이나 속임수로 비춰질 수 있기 때문에 기업은 큰 손해를 본단다.

스타를 활용한 광고라고 무조건 잘 되는 것은 아닌가 보네요. 실제로 그런 일들이 자주 발생하나요?

자주는 아니어도 꼭 발생하곤 해. 예를 한번 들어볼까? 골프의 황제하면 누구지?

타이거 우즈죠.

타이거 우즈가 주로 등장하는 광고는?

알아요. 아주 유명한 스포츠 브랜드죠.

그런데 타이거 우즈가 결혼 후 불미스러운 일이 생기자 사람들은 큰 충격에 빠졌단다. 그래서 그 스포츠 용품 회사도 더 이상 광고를 할 수 없게 되었지.

저도 생각나요. 타이거 우즈에 대해서 좋은 이미지였는데 한 순간에 나쁜 이미지로 바뀌게 되었어요. 생각해보면 광고를 하는 기업도 스타도 쉽지 않은 일을 하고 있네요.

스타를 등장시키는 광고를 통해 기업이나 상품의 이미지를 좋게 하는 경우도 있지만, 광고를 의도한 것이 아님에도 훌륭한 광고효과를 얻는 경우도 있다. 골프선수 박세리의 경우가 그렇다.

1998년 7월7일, US여자오픈에서 당시 21세의 골프선수 박세리가 우승컵의 주인공이 됐다. 연장 접전 끝에 우승컵을 차지한 이 장면은 당시 많은 국민들에게 큰 기쁨을 안겨주었다. US여자오픈은 미국 NBC 방송을 통해 미국, 유럽 등에서 생중계되는 메이저 대회인 만큼 시청자 수가 엄청났다. 그 때 박세리 선수를 후원한 기업은 삼성이었는데 삼성 로고가 선명하게 박힌 모자를 쓴 채 우승트로피를 들어 올린 장면은 크나큰 광고효과를 올렸다.

삼성경제연구소는 당시 '박세리 우승과 스포츠마케팅'이라는 보고서를 통해 홍보효과를 최대 5억 4000만 달러(우리나라 돈으로 약 6천억 원)로 추산했을 정도였다.

# 신문기사를 보고 그 가게에 꼭 가야겠다고 결심하다

## 홍보

> 신문을 유심히 살펴보던 미래가 얼른 호주머니에서 휴대폰을 꺼내 사진을 열심히 찍는다. 그 모습을 본 엄마는 미래가 사진을 찍는 이유가 궁금해졌다. 미래는 신문에서 무엇을 보았기에 사진을 찍었을까?

🐷 찰칵, 찰칵!

👩 미래야. 신문을 보면서 사진을 왜 그렇게 열심히 찍니?

🐷 이런 기사는 휴대폰에 꼭 보관을 해두어야 해서요.

👩 기사? 어떤 기사가 신문에 나왔는데 그러니?

🐷 엄마, 요즘 뉴스에서 저질 재료를 사용해서 음식을 만드는 못된 가게 많이 보셨죠?

👩 그래. 품질이 떨어지는 재료나 원산지를 속여서 판매하는 음식점이 자주 나오더구나.

🐷 전 얼마 전에 뉴스에서 양심불량 뷔페 집을 취재한 걸 봤어

요. 일명 쓰레기 뷔페라고 하는데 정말 충격적이었거든요.

 얼마나 심하기에?

날짜가 지난 재료를 아무렇지 않게 사용하고 심지어 유효기간이 1년도 넘게 지난 재료를 사용해서 샐러드, 잡채 등을 만들어 사람들에게 팔았다고 해요. 정말 충격적이지 않아요?

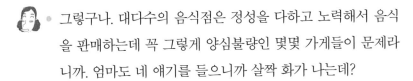 그렇구나. 대다수의 음식점은 정성을 다하고 노력해서 음식을 판매하는데 꼭 그렇게 양심불량인 몇몇 가게들이 문제라니까. 엄마도 네 얘기를 들으니까 살짝 화가 나는데?

그런데 여기 이 신문 좀 보세요. 우리 동네에 이런 음식점이 있는지 몰랐어요.

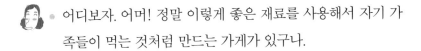 어디보자. 어머! 정말 이렇게 좋은 재료를 사용해서 자기 가족들이 먹는 것처럼 만드는 가게가 있구나.

신선한 재료는 기본이고 유기농 채소와 친환경 재료를 사용하고 있대요. 기자들이 찾아가서 몰래 촬영을 했는데 모든 재료가 감동적이라 신문기사로 이렇게 크게 난 거예요.

아무래도 엄마도 사진을 찍어놔야 할 것 같다. 이런 곳은 친구들 데리고 가서 먹어봐야겠는걸. 그리고 아빠에게도 알려드려야겠다. 여보! 여기 신문기사 좀 보세요.

어디 봅시다. 이야~, 우리 동네 가게가 신문에 크게 나왔네. 좋은 재료를 쓰는 착한가게라고 나왔구나. 이렇게 홍보가 되니 앞으로 사람들이 꽤나 몰리겠는데?

홍보요?

그래. 광고와는 조금 다르지만 효과가 광고 못지않게 크단다.

그럼 홍보도 촉진(Promotion) 방법 중 하나군요.

그렇단다. 앞에서 우리가 광고에 대해서 이야기했는데 이제는 홍보에 대해서 좀 알아볼까?

예, 좋아요. 그럼 홍보는 광고와 무엇이 다른가요?

아까 아빠가 광고는 모든 기업들이 다 하기에는 어려운 점이 있다고 했는데 생각나니?

네, 생각나요. 광고비가 비싸기 때문에 비용이 많이 들어간다고 하셨어요. 또, 스타나 유명인을 활용해 광고효과를 높인다고 하셨죠.

잘 기억하고 있구나. 그러면 여기 신문에 나온 착한가게에 관한 기사는 광고와 무엇이 다를까?

제가 보기에는 스타나 유명인을 활용한 것이 아니라는 점이 다르다고 생각해요. 그래서 생각보다 비용이 크게 들어가지 않았을 것 같은데요.

아주 잘 발견했구나. 홍보는 실제로 어떤 상을 받거나 좋은 평가를 받은 이야기를 신문이나 TV 등에서 소개하는 것인데 광고와 다르게 비용이 들지 않는 특성이 있단다.

효과는 광고 못지않은데 비용이 들지 않는군요. 그럼 제품을 판매하는 기업 입장에서는 광고보다는 홍보를 해야 하지 않을까요?

물론 홍보도 많이 해야 하지만 실제로 상을 받거나 좋은 평가를 받지 못했다면 누가 TV나 신문에 기사를 내줄까?

아, 그렇군요.

홍보가 비용이 안 들고 광고만큼 효과가 좋다는 것은 알아도 실제로 홍보할 만큼 뛰어난 제품이나 서비스가 아니라면 TV나 신문에는 나오기 힘들단다.

홍보가 좋은 촉진 방법이라는 것은 알지만 누구나 하기에는 어려움이 있네요. 광고는 비용 때문에 힘들고, 홍보는 좋은 제품이나 서비스가 아니라면 힘들고 마케팅하기가 이렇게 어렵군요.

실망하기에는 아직 이르단다. 이밖에도 아주 훌륭하고 효과적인 촉진방법이 많이 있으니까 말이야.

## 홍보 Public relations, PR

기업이나 단체가 자신들의 상품과 서비스를 매체를 활용해 소비자들에게 널리 알리는 활동. 광고와 달리 대가를 지불하지 않고 기사 형태로 알리는 특성을 가지고 있다.

어떤 대회나 공신력 있는 기관으로부터 상을 받았다는 기사가 뉴스나 신문에 나오게 되면 사람들은 그 제품과 회사에 더 믿음이 가고 사고 싶어진다. 광고와 다르게 실제로 어떤 상을 받거나 좋은 평가를 받은 이야기를 사람들에게 널리 알리는 것이다.

## 홍보성 광고

홍보를 하려면 실제로 상을 받거나 훌륭한 평가를 받아야 기사로 나오기 때문에 어려움이 있다. 그래서 신문기사 형태를 띠면서 홍보를 하듯이 제품을 광고하는 방법이 홍보성 광고이다.

언뜻 보면 신문기사 같지만 기업이 제품이나 서비스를 광고하기 위해 광고비용을 신문사나 잡지사에 지불하고 홍보인 것처럼 내보내는 광고의 한 방식이다. 홍보성 광고는 순수한 홍보와 다르게 제품이나 서비스의 장점과 특징을 상세하게 표현하고 제품 구매처나 가격 등을 알려주는 특성이 있다. 순수한 홍보에 비해 정보가 믿음직하지 못하다는 단점이 있고, 자사의 제품이나 서비스에 대해 칭찬일색이라 홍보와 쉽게 구분이 간다.

# 나도 모르게 쿠폰을 모으고
# 포인트에 집착한다

## 판매촉진

> 내일까지는 꼭 도넛 가게에 가야 한다고 말하는 미래. 이유를 알고 봤더니 쿠폰 10개를 모으면 물놀이용 고무튜브를 공짜로 주기 때문이었다. 지금까지 9개를 모았기 때문에 한 개만 더 모으면 고무튜브가 공짜로 생긴다며 기대하고 있는 미래는 과연 도넛 가게로 향할까?

엄마, 가위로 뭘 그렇게 오리세요.

응, 적립금 쿠폰이란다. 그냥 버리면 아깝잖아. 이 쿠폰을 이렇게 가위로 오려서 포인트로 바꾸면 쿠폰에 적혀 있는 포인트만큼 나중에 쓸 수 있단다.

어쩐지 우리 집 과자봉투나 박스에 전부 구멍이 나 있던데 그게 모두 엄마가 적립금 쿠폰을 오려서 생긴 구멍이었군요.

그랬나? 어머, 정말 과자봉투에 구멍 뚫린 것이 여러 개 있네. 호호.

아! 엄마가 쿠폰 얘기를 하시니까 저도 갑자기 생각난 게 있어요. 늦기 전에 내일까지는 꼭 도넛 가게에 가야해요.

도넛 가게는 갑자기 왜? 도넛이 먹고 싶어?

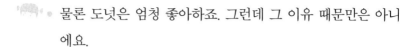 물론 도넛은 엄청 좋아하죠. 그런데 그 이유 때문만은 아니에요.

 그럼 꼭 내일까지 가야만 하는 특별한 이유가 뭐니?

두 달 동안 쿠폰 10개를 모으면 물놀이용 고무튜브를 공짜로 주거든요. 그런데 제가 지금까지 9개를 모았어요. 이제 하나 남았는데 내일이 마지막 날이에요.

 그래? 고무튜브가 상당히 마음에 들었나 보구나.

마음에 든 것도 있지만 솔직히 공짜로 선물을 준다고 하니까 더 좋아요.

 공짜 선물도 좋지만 엄마는 미래하고 생각이 좀 달라.

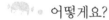 어떻게요?

 엄마는 미래가 두 달 사이에 도넛 가게를 아홉 번이나 갔다는 것이 좀 놀랍네. 원래 그렇게 자주 가지는 않잖니?

그렇기는 하죠.

 아무래도 도넛 가게의 판촉에 미래의 마음이 너무 흔들린 것 같아.

판촉이요?

판촉은 '판매촉진'의 약자야. 엄마가 일하는 광고회사에서도 판매촉진을 위해 고민을 많이 한단다. 엄마가 보기에는 도넛 가게의 마케팅 때문에 미래가 아홉 번이나 도넛 가게를 갔다는 말이지.

그런 것 같네요. 평소보다 훨씬 자주 도넛 가게를 간 것은 좀 후회가 돼요. 그런데 이제 와서 공짜 고무튜브를 포기하는 것도 마음이 아파요. 이 문제를 어떻게 해결하죠? 아빠가 도움을 주시겠죠?

물론이지. 공짜 고무튜브를 받으려면 미래가 도넛 가게를 한 번 더 가야 하니 고민이 많이 되겠구나. 엄마가 설명한대

로 도넛 가게의 판촉에 미래의 마음이 흔들린 것 같아.

그렇지만 어차피 도넛 가게에 자주 가는데 이왕이면 공짜로 선물까지 줄 때 가면 소비자 입장에서는 이익 아닌가요?

그게 바로 판촉이야. 판촉은 판매가 잘 되도록 한다는 의미이지. 판촉은 쿠폰, 포인트, 경품, 1+1 상품 등으로 사람들이 그 제품을 선택하게 하고, 더 많은 사람들이 가게에 오도록 만든단다.

그럼 제가 도넛 가게의 판촉에 당한 거네요.

하하, 꼭 그렇게 생각할 필요는 없어. 당했다고 하면 속았다는 의미인데 도넛 가게가 거짓말로 속인 것은 아니잖니?

제 말이 바로 그거예요. 도넛이 얼마나 맛있는데요! 게다가 그 가게는 깨끗하고 친절하기까지 해요. 어차피 도넛 가게에 가는데 이왕이면 공짜로 선물도 준다는 곳으로 가면 소비자 입장에서는 이익이잖아요?

그럼 하나씩 살펴보자. 우선 어차피 도넛 가게에 간다고 했는데 왜 어차피 간다고 생각하니? 도넛 가게가 학교도 아니고, 아플 때 찾아가는 병원도 아닌데 어차피 가야 하는 곳이라고 생각할 필요가 있을까?

듣고 보니 그러네요.

그리고 쿠폰을 10개 모으면 공짜로 고무튜브를 준다고 했는데 정말 그 고무튜브가 공짜일까?

다른 도넛 가게는 안 주는데 그 가게는 주니까 공짜 아닌가요?

만약, 공짜로 고무튜브를 주고 싶은 생각이라면 왜 두 달 안에 쿠폰 10개를 모아야 한다는 조건을 붙였을까?

두 달 동안 사람들이 더 자주 가게에 와서 더 많이 사게 하려고요! 맞죠? 그러고 보니까 가게에 더 자주 가서, 더 많이 산 사람이 바로 저네요.

하하. 결국 평소보다 더 자주 가게에 가서 도넛을 구입한 사람들 때문에 도넛 가게가 고무튜브를 준다고 해도 손해는 아니지 않을까?

도넛이 더 많이 팔리면 그 돈으로 고무튜브를 사면 되니까 손해도 아니고, 공짜도 아니라는 생각이 드는데요.

도넛 가게 입장에서는 보다 많은 손님들이 가게에 오도록 하기 위해서 판매촉진 방법을 사용한 거야. 이런 방법은 물건을 판매하는 곳이라면 흔히 사용하는 방법이지. 만약 미래가 나중에 물건을 판매하는 입장이 된다면 분명히 사용하게 될 거라고 아빠는 장담할 수 있어.

아빠 말씀대로 제가 판매촉진에 마음이 흔들린 것은 인정해요. 앞으로는 더욱 신중하게 생각하고 물건을 사야 할 것 같아요. 그런데 아빠, 고무튜브는 어떻게 하죠?

하하, 그 녀석. 아빠가 보기에도 지금까지 아홉 번을 갔는데 포기하기는 좀 아깝기는 하다. 한 번 더 가서 고무튜브를 받되 앞으로는 좀 더 신중해지자.

아빠 말씀 명심할게요. 그런데 아빠는 이런 판촉이 있을 때 어떻게 하세요? 유혹이 만만치 않은데 아빠는 어떻게 하시는지 궁금해요.

사실 미래가 공짜 고무튜브에 마음이 흔들리는 것처럼 아빠도 비슷하단다. 판촉에 마음이 흔들리지 않을 수는 없지만 그래도 늘 생각하면서 소비하는 마음을 갖기 위해 노력해야 돼.

엄마도 항상 너무 낭비하지는 않았는지, 필요하지 않은 물건인데 구매한 것은 아닌지 생각하고 반성한단다.

예! 저도 이제 공짜 사은품이나 쿠폰 때문에 쉽게 흔들리지 않을게요. 공짜는 좋지만 판촉은 얄미워요.

하하하!

호호호!

Sales promotion, 판촉

단기간에 판매가 향상될 수 있도록 동원하는 다양한 수단을 의미한다.
예) 쿠폰, 포인트, 경품, 1+1 상품 등.

우리가 매일 접하는 판촉사례

신문을 구독하는 집에서 늘 접하는 것이 바로 전단지이다. 전단지를 보면 다양한 판촉사례가 존재한다. 새롭게 문을 연 음식점에서는 냉면을 단 이틀간만 2,900원에 제공한다고 한다. 어떤 가게는 5만 원 이상 구매하면 다음에 사용할 수 있는 5천 원 상품권을 준다고 한다.

커피를 열 번 마시면 열한 번째는 공짜로 준다고 하고, 머리를 열 번 깎으면 한 번은 공짜로 깎을 수 있는 곳도 있다. 이처럼 우리는 매일 판촉과 접하면서 살고 있다.

# 판매원과 대화를 나누면
# 물건을 살 확률이 높아진다

## 인적판매

평소에 화장품을 거의 쓰지 않으시는 아빠가 화장품을 4개나 구입해서 집에 오셨다. 남성용 스킨, 로션, 썬크림, 헤어스프레이였다. 원래는 면도 후 사용하는 스킨이 다 떨어져서 사오려고 했다는데 결국 4개나 구매하셨다. 아빠는 왜 예상보다 더 많은 물건을 사셨을까?

 여보, 이 스킨 냄새 어때요?

 음, 좋은데요.

 이 로션은? 그리고 썬크림하고 헤어스프레이도 하나씩 샀어요.

 갑자기 웬 화장품을 이렇게 많이 샀어요?

 맞아요! 아빠는 원래 화장품 잘 안 쓰시잖아요?

 아빠가 갑자기 왜 이러신다니? 당신 좀 수상한데요.

 솔직히 말하자면, 사실 오늘 화장품 가게의 판촉에 마음이 흔들렸지 뭐예요.

아빠, 도넛 가게에서 받아온 저 고무튜브를 보세요. 생각나시는 것 없으세요?

그래요. 당신마저 이러시면 우리는 어떻게 해요? 평소에 화장품에 별 관심도 없으셨잖아요.

하하, 내 말 좀 들어봐요. 나이를 먹으니까 이제부터라도 좀 더 신경 써야 할 것 같아서 최근에 남성 화장품을 주의깊게 보고 있었거든. 그런데 마침 면도 스킨이 떨어져서 하나만 사려고 화장품 가게에 갔는데, 판매원이 이것저것 보여주면서 주름도 안 생기고, 젊어질 수 있다고 강조하는 거야. 그래서 '바로 이거다!'하고는 세 가지를 더 사버렸지.

아빠도 이렇게 흔들리시는 걸 보면 판촉은 정말 훌륭한 마케팅 방법임에 틀림없어요.

그래. 미래 말이 맞아. 판촉은 훌륭한 마케팅 방법이지. 아빠는 특히나 '인적판매'에 쉽게 마음이 흔들린단다.

인적판매라면 물건을 판매하는 사람을 말씀하시는 건가요?

맞아. 인적판매란 물건이나 서비스를 판매하는 판매원이 소비자에게 직접 제품과 서비스에 대해서 설명하고 구매를 유도하는 것을 말해.

알 것 같아요. 옷 사러 가면 매장 직원이 어떤 물건을 찾는지 손님에게 물어보고, 가전제품 매장에서 판매원이 여러 종류의 TV를 보여주고 설명하는 것이 모두 인적판매군요.

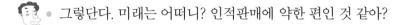 그렇단다. 미래는 어떠니? 인적판매에 약한 편인 것 같아?

저는 아빠하고는 좀 다른 것 같아요. 의외로 판매원의 말에 설득이 안 되는 편인데요.

그래? 그럼, 엄마는 어떤지 한번 물어보자.

내가 볼 때는 아빠, 미래, 엄마 모두 똑같이 인적판매에 약해요.

엄마, 저는 인적판매에 흔들리지 않아요.

미래야. 너 오늘 엄마랑 학원 가서 상담한 일 생각 안 나니?

생각나죠? 그런데 학원상담은 갑자기 왜요?

영어공부 복습하는 차원에서 간단히 한 달이나 두 달만 다녀보겠다고 했지?

그랬죠.

그런데 상담을 받고 나서 어떻게 했지?

아, 그게 사실은 학원에서 상담해주시는 분이 그렇게 말씀을 하시니까 제가 마음이 너무 불안해서…….

한두 달만 다녀보겠다고 했는데 결국 어떻게 됐지?

제가 엄마한테 6개월 정도는 다녀야 할 것 같다고 우겨서 결국 6개월을 끊었죠. 그런데 그건 순전히 상담해주시는 분이 그 정도는 해야 복습도 되고 실력 향상도 가능하다고 하셔서 어쩔 수 없었어요.

자! 아직도 네가 인적판매에 강하다는 말에 자신이 있니?

아니요. 저도 아빠 딸인가 봐요.

그 녀석, 갑자기 아빠 핑계를 대는 것 봐라. 하하.

그럼, 엄마는 어때요?

엄마도 화장품 살 때 인적판매에 약하단다. 이것저것 권하면 엄마도 모르게 생각보다 한두 개쯤 더 사거나, 가게에 가기 전에 마음먹었던 것보다 좀 비싼 것을 사오기도 해.

그렇군요. 인적판매도 마케팅 방법으로 정말 효과적이라는 생각이 드네요.

그래. 엄마도 항상 느끼고 있어. 그런데 이제 걱정이 하나 더 생겼구나.

무슨 걱정이요?

화장품 가게에서 인적판매에 마음이 흔들리는 건 엄마였는데, 이젠 아빠까지 시작을 하셨으니 큰 걱정이 아니겠니?

네? 푸하하!

물건이나 서비스를 판매하는 판매원이 소비자에게 직접 제품과 서비스에 대해서 설명하고 구매를 유도하는 것을 말한다.

학원에 가면 상담사들이 부모님과 학생에게 어떤 과목을 어떻게 공부해야 하는지 설명하고 학원수강을 하라고 유도하거나 미장원에서 미용사가 머릿결이 상하면 파마가 잘 나오지 않는다면서 권하는 추가 서비스, 은행에서 적금상품을 소개하며 이번 기회에 적금을 시작하라고 하는 것이나 보험판매원이 생명보험이나 암보험에 가입하라고 부추기는 것도 모두 인적판매이다.

# 7장

# 내 몸을 감싸고 있는 마케팅 성공사례

미래와 아빠는 마케팅 기본전략에 대해서 다양한 이야기를 오랫동안 나누었다. 이제 아빠는 미래가 좋아하고 또 자주 접하는 제품을 통해서 마케팅 성공사례를 설명하려고 한다. 내가 쓰고 있는 제품이 어떻게 유명해졌고 어떤 마케팅 방법을 사용했는지 알아보는 것은 흥미로운 일이다. 지금 사람들에게 사랑받는 자기 주변의 제품들이 어떤 마케팅을 해왔는지 알게 된다면 마케팅이 더욱 흥미롭게 다가오지 않을까?

# 접착제는 꼭 잘 붙어야만 할까?

● 미래야. 네 교과서에 붙어 있는 게 뭐니?

● 이거요? 포스트잇이에요.

● 그렇게 해두면 도움이 많이 돼?

● 물론이죠. 중요한 것을 페이지마다 붙여 놓으면 내용을 쉽게 살펴볼 수 있어서 편리해요.

● 하긴 아빠도 다이어리에 붙여 놓고 쓰는데 참 편리하더라. 친구들도 포스트잇을 많이 사용하니?

● 저희 반 아이들 중에 안 쓰는 애들은 거의 없어요. 이건 필수품이죠. 그런데 이렇게 좋은 제품은 어떻게 만들어진 거예요?

● 처음 만든 곳은 쓰리엠(3M)이라는 회사인데 여기에 얽힌 사연이 좀 재미있단다.

● 그래요?

● 원래 이 회사는 접착력이 우수한 접착제를 만들려고 연구와

실험을 거듭했는데 어이없게도 접착력이 약하고 쉽게 떨어지는 엉성한 접착제를 만들게 되었어. 그래서 이 접착제를 그냥 버리고 거들떠보지도 않으려고 했단다.

접착제가 제대로 붙지 않는다면 실패한 것이 맞기는 하네요.

그래. 그런데 이 회사의 직원이었던 아서 프라이(Arthur Fry)가 이 엉성한 접착제를 버리지 말고 활용해보자는 의견을 내게 돼.

어떻게 활용을 하려고요?

그 당시 아서 프라이는 교회 성가대원이었단다. 노래를 불러야 할 순서를 기억하기 위해 종종 책갈피를 끼워 두었는데 이것이 자주 빠져서 당황한 적이 여러 번 있었지. 그래서

이 접착제를 사용해서 붙였다 뗐다 할 수 있다면 괜찮지 않을까 생각하게 되었다고 해.

접착력이 좋지 않으니까 붙였다 뗐다 할 수 있다는 말이네요. 그래서요?

결국 연구를 거듭하게 됐는데, 잘 붙지만 뗄 때는 책이 찢어지지 않고, 여러 번 붙이는 것도 가능하고, 오래 두어도 굳어 버리지 않는 접착제로 재탄생하게 되었단다.

우와! 대단하네요. 그래서 그 접착제를 메모지에 발라서 탄생하게 된 것이 포스트잇이군요.

그래. 그런데 처음부터 제품이 잘 팔리지는 않았단다. 솔직히 완전히 망할 정도로 제품은 실패했었어.

정말요? 이렇게 좋은 제품을 왜 사람들이 몰라줬을까요? 아무래도 강력한 마케팅이 필요하지 않았을까요?

맞아. 아무리 좋은 제품도 고객이 알아주지 않으면 소용없다고 아빠가 했던 말 기억나지?

물론이죠. 제품을 알려서 사람들이 인식하고 구매하게 만드는 것, 그게 바로 마케팅이잖아요. 아빠. 그러면 어떻게 마케팅을 했나요? 점점 궁금해지는데요.

아서 프라이라는 사람은 좌절하지 않았어. 그리고 이 제품은 비서들이 특히 많이 쓰게 될 거라고 확신했단다. 그래서

500개나 되는 회사의 비서실에 제품을 무료로 보내기 시작해. 일단 한번 써보라는 의도였어.

아하! 샘플을 통해서 판촉을 한 거네요.

빙고! 미래 말대로 판촉을 한 거야. 자, 그 다음은 어떻게 됐을까?

써보면 알게 되겠죠. 저나 제 친구들도 좋아하는데 비서들이 싫어할 리가 없어요.

네 말대로 샘플을 써본 비서들은 포스트잇의 매력에 푹 빠지게 되지. 그리고 곧 주문이 몰려들기 시작했단다. 이로서 1980년 이 제품은 미국 전역에서 본격적으로 판매가 되고 이듬해부터는 전 세계로 퍼져 나가기 시작해.

우와! 마케팅은 정말 멋져요. 사람들이 알지 못했던 제품을 이렇게 인기 있는 제품으로 만들다니.

이제 네가 사용하는 그 작은 포스트잇이 어떤 역사와 마케팅 전략 속에서 태어난 것인지 이해가 가니?

예, 아빠. 제 주변의 제품에 점점 관심이 가네요. 아무 생각 없이 문구점에서 산 포스트잇에 그런 마케팅 이야기가 숨어 있을 줄은 몰랐어요. 이제 다른 제품들도 눈여겨봐야겠어요.

그럼 다음으로는 뭘 살펴볼까?

잠깐만요. 아빠, 배 안고프세요?

• 그러고 보니 조금은 출출하구나.

 • 우리 감자 칩 먹고 계속 해요. 저도 출출하거든요.

 • 좋지. 간만에 한번 먹어 볼까?

---

| 포스트잇 Post-it |

3M이 1974년 출시한 제품이다. 정확한 상품명은 'Post-it note'이다. 1968년 3M의 연구원이었던 스펜서 실버(Spencer Silver)가 잘 붙기도 하지만 쉽게 떨어지는 접착제를 발명하였고 사내 기술 세미나에 보고했다. 1974년에 같은 연구소 직원인 아서 프라이(Arthur Fry)가 이 접착제를 사용할 수 있는 획기적인 아이디어를 떠올렸다. 교회의 성가대원이었던 아서는 찬양을 부를 곡에 서표(책갈피)를 끼워놓곤 했는데 이것이 떨어져서 당황하던 그가 스펜서 실버의 접착제를 사용하여 붙였다 뗐다 할 수 있는 서표를 만들면 어떨까 하는 생각을 하게 된 것이다.

그는 연구에 몰두하여 1977년에 서표뿐만 아니라 메모지로도 활용 가능한 제품으로 출시했다. 처음에는 제품에 대한 인식 부족으로 시장 판매는 실패했다. 그러나 아서 프라이는 좌절하지 않고 500대 주요기업의 비서들에게 샘플을 보냈다. 이후 제품을 써 본 비서들의 주문이 쇄도하기 시작했고, 1980년에는 미국 전역에서 판매되었다. 1981년에는 캐나다와 유럽 등 전 세계로 판로를 확장했으며 현재 세계적인 발명품이자 인기상품이 됐다.

(출처: 두산백과)

# 프링글스

## 독특한 포장으로 특별한 감자 칩이 되다

저는 치즈 맛이 좋은데 아빠는요?

아빠는 양파 맛이 좋더라.

감자 칩은 왜 이렇게 맛있는 거죠? 특히 프링글스는 포장도 예쁘고 너무 마음에 들어요.

그러면 프링글스에 대한 이야기를 좀 해볼까?

좋아요. 저 엄청 궁금해졌어요, 아빠.

미래가 많은 감자 칩 중에서 프링글스를 좋아하는 이유는 뭐니?

다른 감자 칩처럼 봉투에 들어가 있지 않고 통에 들어가 있잖아요. 통이 우선 예쁘고, 눈에 들어와서 마음에 들어요.

그리고 또?

통에 들어가 있으니까 과자를 먹다가 남겨도 보관하기 좋아요. 그리고 잘 부서지지 않아서 좋고요. 또 맛도 훌륭하죠.

프링글스는 생활용품으로 유명한 피엔지(P&G)라는 회사에서 1968년에 개발한 감자 칩이야. 그 당시만 해도 많은 감자 칩이 감자를 얇게 썰어서 튀겨낸 것이라 모양이 모두 비슷했지. 그래서 이 회사는 감자를 갈아서 지금의 모양처럼 만들었단다.

남들과 다르게 한 거네요. 한 마디로 제품의 차별화!

모양만 차별화를 한 것이 아니었어. 감자 칩을 차곡차곡 쌓아서 원통 모양의 통에 넣어서 판매를 했지.

포장도 차별화했네요. 제품(Product)은 포장이 중요한데 머리를 잘 쓴 것 같아요.

그래. 그리고 큰 콧수염이 있는 아저씨 그림을 포장에 인쇄했어. 부드럽고 친근하게 보이는 인상이라 사람들이 편하게 생각할 수 있도록 한 거야. 게다가 그 아저씨는 실제로 이름이 있단다. 혹시 알고 있니?

진짜요? 이름이 뭔데요?

줄리어스 프링글스(Julius Pringles)라고 해.

놀랍네요. 과자에 그려진 아저씨가 이름까지 있을 줄이야. 이것도 차별화라고 할 수 있는 거죠?

물론이지.

그런데 프링글스라는 이름은 어떻게 만들어진 거예요? 좀 길지만 그래도 머리에 쏙쏙 들어와요.

 감자 칩이 영어로 뭐지?

포테이토칩(Potato chip)이죠.

그래. 포테이토칩이 P로 시작하니까 P로 시작하는 제품 이름을 고민했다고 해. 그런데 마침 프링글 드라이브라는 동네에 사는 직원이 자기 동네 이름이 P로 시작하니까 사용하면 어떻겠냐고 회사에 말해서 지금의 프링글스라는 이름이 탄생된 거야.

재미있네요. 제가 자주 먹는 감자 칩이 그런 고민 속에서 탄생된 줄은 몰랐어요.

프링글스는 처음부터 마케팅 기본 전략을 아주 잘 준비해서 세상에 탄생된 상품이야. 포스트잇처럼 우연히 만든 것도 아니고, 만들 때부터 철저하게 차별화를 해서 세상에 선을 보였단다.

특히 제품의 포장이 특별했다고 생각해요. 비닐 봉투가 아니라 원통모양의 통에 넣어서 판매한 것과 긴 수염이 있는 아저씨까지 있잖아요.

그렇단다. 프링글스는 제품(Product)의 차별화를 아주 잘한 제품이란다. 그래서 미래도 아빠도 좋아하잖니?

예. 알면 알수록 마케팅 이야기는 너무 재미있어요.

P&G에서 개발한 감자 스낵. 1968년 미국에서 최초로 판매가 되었다. 감자 칩을 차곡차곡 쌓아서 원통 모양의 통에 넣어서 판매하는 독특한 포장방식으로 유명하다. 또한, 포장 전면에는 수염이 달린 줄리어스 프링글스(Julius Pringles)라는 마스코트가 인쇄되어 있다. 들고 다니면서 먹기에 좋고, 남은 감자 칩을 보관해두어도 부서지지 않기 때문에 편리하다.

2012년, 시리얼로 잘 알려진 켈로그(Kellog) 사가 P&G로부터 27억 달러 (한화 약 3조원)에 프링글스를 인수해 주인이 바뀐 상태이다. 현재, 프링글스는 감자 스낵으로는 세계 1, 2위를 다투는 매출과 독보적인 위치에 올라있다.

# 초코파이

## 중국에서만 1년에 50억 개가 팔리는 파이

● 아빠. 우리나라 제품의 마케팅 사례도 궁금한데요. 어떤 것이 있을까요?

● 뭐가 있을까. 아! 미래가 얼마 전 친구 생일날 급하게 케이크를 만들어서 축하해줬다고 했지?

● 아, 그때 감동이었죠. 수학여행 가서 케이크를 구할 수 없었거든요. 그래서 선생님께 말씀을 드리고 초코파이를 구해서 급하게 축하를 해주었어요.

● 친구가 좋아했겠구나.

● 물론이죠. 친구도 좋아했고 저희들도 뿌듯했어요. 이런 게 정(情)인가 봐요.

● 하하. 그래 초코파이는 정(情)이지.

● 그런데 초코파이가 다른 나라에서도 인기가 많은가요?

● 당연하지! 지금 중국에서는 1년에 50억 개가 팔린단다.

● 50억 개요? 엄청난데요.

초코파이는 우리나라 기업인 오리온이라는 회사에서 생산하고 판매하는데 중국에서만 1년에 50억 개가 팔리고 있어. 지금 중국에서는 초코파이가 최고의 파이로 사랑받고 있단다.

왠지 자랑스러운데요?

암! 그럴만하지.

그러면 중국에서도 정(情)을 강조하면서 마케팅을 하나요?

아니, 중국에서는 인(仁)을 강조하면서 마케팅한단다.

인(仁)이요? 좀 생소한데 무슨 뜻이에요?

인(仁)은 유교문화가 강한 중국 사람들에게 더 친근하게 다가서기 위해서 사용하게 됐는데 '믿음, 신뢰'라는 의미야.

아하! 한국하고는 다르게 인(仁)을 강조하며 마케팅을 한 것이 독특하네요.

중국 사람들이 구매하는 초코파이라면 중국 사람들이 더 좋아할 수 있도록 바꿔야 하지 않을까? 그리고 바꾼 것은 이것만이 아니란다. 제품 이름도 초코파이가 아니라 '하오리여우(좋은 친구) 파이'로 바꾸었어.

그것도 나쁘지 않은데요. 그러면 제품 이름은 '좋은 친구 파이'이고 '인(仁)'은 믿음이니까 정리해보면, '믿음이 있는 좋은 친구 파이'네요.

우와, 아빠도 놀랐는걸. 미래가 이렇게 마케팅에 센스가 있는 줄 몰랐네.

아빠. 그런데 초코파이가 '좋은 친구 파이'로 이름을 바꾸고, 인(仁)을 강조하는 마케팅을 해서 중국에서 성공을 하게 된 것인가요?

그것만은 아니란다. 우선 포장지의 색깔을 중국 사람들이 좋아하는 빨간색으로 바꾸었어. 예전에는 파란색이 들어간 포장이었거든.

파란색이라니. 왠지 좀 낯설어요.

그리고 1997년부터 중국에 생산 공장을 세워서 직접 파이를 만들어 판매하고 있어.

공장을 세우는 것은 쉬운 일이 아닐 것 같은데 대단하네요. 공장을 세우면 기업 입장에서는 돈이 많이 들어가니까 힘들지 않을까요?

처음에는 많은 돈이 들어가니까 힘들 수 있어. 하지만 중국에서 만들면 우리나라에서 초코파이를 가지고 갈 때보다 여러 가지 유리한 점이 많단다.

어떤 점이 유리한데요?

우선 바로 만들어서 매장으로 가지고 갈 수 있으니까 시간이 많이 절약되지.

아, 그러네요. 결국 유통(Place)에 유리하군요.

그렇지. 바로 그거야. 그 다음에는 중국이 아직은 우리나라보다 인건비가 저렴하니까 제품을 생산하는데 필요한 비용을 절약할 수 있어.

결국 가격(Price)도 유리하네요.

그래. 그 다음에는 중국 사람들의 기호에 맞게 다른 신제품을 선보이기도 쉽고, 맛을 개선하거나 포장을 새롭게 하는데도 시간이 절약된단다.

제품(Product)에도 유리하네요. 그리고 당연히 중국 사람들이 좋아할 만한 방법으로 촉진(Promotion)을 하기도 좋겠는데요.

미래가 정말 제법인걸. 이젠 마케팅 기본전략을 아주 꿰고 있구나.

별 말씀을요. 제가 보기에 초코파이는 생산 공장도 세우고, 제품 이름도 바꾸고, 포장 색깔도 바꾸면서 철저하게 중국 사람들이 좋아하는 방향으로 마케팅을 한 것 같아요.

그래, 철저하게 '현지화 전략'을 잘했다고 볼 수 있어.

현지화 전략이요?

제품이 실제로 판매되는 곳의 상황과 특성에 맞춰서 판매활동을 하는 것을 말해. 한국제품을 그대로 가져다가 중국에서 파는 것도 나쁘지 않지만, 이왕이면 중국의 경제상황에서부터 중국인의 특성까지 철저하게 이해하고 거기에 맞게 제품을 개발하고 마케팅을 하는 것을 말해.

이제 이해가 가요. 초코파이가 왜 그렇게 중국에서 인기를 얻고 있는지 알겠어요. 중국 사람들은 이 제품이 낯설지 않았던 것이군요.

그래. 이제 초코파이는 중국뿐만 아니라, 류현진 선수가 뛰고 있는 LA다저스 구장에서도 판매가 된다고 해.

우와, 멋지네요! 그곳에서도 현지화 전략을 하겠죠?

중국에서 좋은 결과를 얻었으니까 미국에서도 그렇게 하겠지?

아빠, 우리 류현진 선수 보러 미국에 가요. 그리고 거기서 초코파이도 사 먹어요.

내일 당장 만나자!

정말요? 진짜죠!

내일 류현진 선수 나오는 날이니까 TV 보면서 초코파이 먹자! 초코파이는 아빠가 쏜다!

아빠, 정말 이러시기예요?

하하하!

1974년 오리온에서 개발했다. 당시 회사 이름은 동양제과였으며 출시 당시 가격은 한 개에 50원이었다. 초코파이라는 이름은 초콜릿을 바른 과자와 그 사이에 마시멜로를 넣은 것을 뜻하는 것으로 오리온에서 만들어 낸 이름은 아니다. 그래서 롯데, 크라운, 해태에서도 초코파이를 만든다. 오리온은 자신들만의 특별한 이름을 생각하던 끝에 1989년 '초코파이 정'이라고 상품명을 다시 정하고 본격적인 마케팅에 들어간다. 이때부터 우리는 '정(情)'하면 초코파이가 떠오를 정도로 오리온 초코파이에 익숙해진 것이다.

이러한 형식의 과자 즉, 초코파이는 1917년 미국 남부 테네시 주의 채타누가 베이커리(Chatanooga Bakeries)에서 발매한 문파이(Moon Pie)가 그 효시라고 알려져 있다. 문파이는 미국 남부에서 폭발적인 인기를 끌던 제품으로 1950년대에 인기가 절정에 이르렀다.

(출처: 위키백과)

# 게토레이

## 미식축구팀을 우승으로 이끈 음료수

아빠, 미식축구를 하려면 뛰어난 체력이 필요할 것 같아요. 저렇게 몸을 던져서 막고 넘어뜨리고 달리는 걸 보면 지치지 않는 힘이 있어야 하지 않을까요?

아빠도 그렇게 생각해. 보통 사람들은 저렇게 부딪히고 달리면 골병이 들어서 병원에 입원해야 할 거야.

특히 경기하는 내내 저 헬멧을 쓰고, 몸에 보호 장비까지 하고 있으려면 땀도 엄청나게 날 것 같아요. 잠깐만요. 방금 저 장면은 정말 독특하고 웃기네요.

어떤 장면?

저것 보세요. 저 큰 통에 들어가 있는 연두색 물 같은 것을 선수들이 감독 머리에 쏟아 붓고 있잖아요.

하하. 아무래도 저 팀이 우승을 했나 보구나. 저렇게들 신나서 춤을 추고 감독 머리에 게토레이까지 쏟아 부으니 말이다.

게토레이요? 저 큰 통에 들어간 연두색 물이 게토레이예요?

 저 장면은 이제 미식축구 경기에서 자주 볼 수 있게 되었는데 우승팀의 선수들이 감독이나 코치에게 축하의 의미로 게토레이를 쏟아 붓는 거야. 일명 '게토레이 덩크'라고 불린단다.

그렇군요. 골프에서 우승한 선수에게 맥주나 샴페인을 붓는 모습은 봤는데 미식축구에서도 그렇게 하는지는 몰랐어요. 그런데 맥주 덩크나 샴페인 덩크라고는 안 하는 것 같은데 왜 이것만 게토레이 덩크라고 불리게 된 거예요?

우선 덩크(dunk)는 '물에 빠뜨린다'는 뜻이야. 병에 든 음료수를 뿌리는 게 아니라 사람이 들어갈 만큼 큰 통에 들어간 많은 양의 음료수를 쏟아 붓기 때문에 생긴 말이지. 그리고 특별히 게토레이라는 단어가 붙은 것은 게토레이가 미식축구 때문에 생겨난 음료수이기 때문이란다.

미식축구 때문에 게토레이가 탄생한 거예요? 점점 궁금해지는데요.

게토레이는 1965년에 미식축구팀 플로리다 대학의 게이터즈(Gaters: 악어들) 팀이 처음 마시면서 그 이름을 따서 게토레이가 됐어. 게이터즈 팀은 전반전까지는 경기를 아주 잘했는데 늘 후반전에 체력이 소진돼서 경기에서 자주 패했다고 해.

제가 봐도 후반전까지 버텨줄 수 있는 체력이 중요할 것 같아요.

이런 게이터즈 팀의 모습을 안타깝게 생각한 플로리다 대학의 로버트와 다나 박사 그리고 다수의 연구진들이 후반전에 지치지 않고 뛸 수 있는 음료수를 개발하기 시작하지.

오, 점점 흥미로워지네요.

연구를 거듭한 끝에 물보다 10배 빠른 흡수력으로 적절한 에너지를 공급해주는 음료수를 개발하는데 성공하게 돼.

그래서요? 그 다음은요?

1967년 플로리다 게이터즈 팀은 조지아 공대와 결승전에서 만나는데, 이 음료수를 마신 게이터즈팀은 조지아 공대를 누르고 우승을 하게 된단다.

우와!

게토레이를 마셨다고 이길 수 있는 것은 아니지만, 어찌되었건 게이터즈 팀은 후반전에 더 강한 팀으로 다시 탄생하게 되지. 그때부터 게이터즈 팀은 '후반전의 팀'이라는 별명까지 얻으면서 역전승을 자주 만들어 냈다고 해.

우와, 대단하네요. 음료수 좀 마셨을 뿐인데 오히려 후반전에 더 강한 팀으로 바뀌다니. 그럼 미식축구 우승을 계기로 게토레이는 더 유명해졌겠네요.

물론이란다. 당시 조지아 공대 감독은 게이터즈 팀에게 패한 것이 분했는지 게토레이를 마신 게이터즈 팀을 비난했다고 해. 자연스럽게 사람들의 관심은 게토레이에 집중되었고 우승을 만들어 낼 만큼 대단한 음료수가 되어 버렸어.

이제 알 것 같아요. 게토레이는 홍보의 힘으로 강력한 마케팅을 할 수 있었네요.

그래. 홍보는 실제로 상을 받거나 뛰어난 성적을 내면 TV나 신문에 소개가 되면서 자연스럽게 마케팅이 되는 것이지. 우승팀을 만들어낸 음료수라면 사람들이 관심을 갖게 되는 것은 당연하겠지?

게이터즈 팀 우승 이후로 자연스럽게 홍보도 되면서 게토레이는 오래오래 행복하게 살았다. 맞죠?

하하! 그래.

## 게토레이

게토레이는 1965년 미국 플로리다의 게이터즈 팀(Gators: 악어들)과 루이지애나 주립대학과의 풋볼경기에서 첫 선을 보였다. 평소에 풋볼팀인 게이터즈(Gators)가 늘 후반전에 기운이 소진되어 패배하는 것을 본 플로리다 대학의 로버트 케이드 박사(Dr. Robert Cade)와 다나 샤이어스 박사(Dr. Dana Shirs)를 비롯한 여러 과학자들이 공동으로 연구해 만들었다. 6%의 탄수화물과 최적의 전해질로 이루어진 이 음료수는 물보다 10배 이상 빠른 흡수와 에너지 공급으로 선수들을 지치지 않게 해주는 효과를 가지고 있었다. 1967년에 이 음료수를 마신 게이터즈 선수들은 후반 역전승의 신화를 만들어냈고 게이터즈 팀은 '후반전의 팀(Second half team)'이란 별명까지 얻게 되었다. 게토레이(Gatorade)란 이름은 게이터즈(Gators)를 돕는다(aid)는 뜻을 가지고 있다.

(출처: 네이버 두산백과)

# 노스페이스

## 중고등학생의 교복이 된 사연

 요즘은 어쩜 저렇게 등산복들이 예쁜지 모르겠구나.

색깔이 정말 다양하죠? 빨간색, 주황색, 노란색, 파란색, 보라색으로 산이 화사해졌어요.

언제부터인가 등산복도 패션이 되었어. 등산복도 유행이 있어서 대부분 비슷하게 입는 것 같구나. 예전에는 기능만 좋으면 됐는데 이제는 디자인이 더 중요해진 것 같아.

그러게요. 청바지 입고 산에 올라가던 시절은 끝나고 유행하는 등산복을 입고 산에 가는 시대예요. 저기 저 사람들 보세요. 단체로 같은 브랜드의 옷을 입고 있네요.

노스페이스? 저 브랜드는 예전부터 인기가 많았어. 나도 노스페이스 바지가 하나 있는 걸?

사실 노스페이스 옷은 학교에서 더 난리였어요. 오죽하면 노스페이스 교복이라고 할 정도였다니까요.

그래. 엄마도 등에 브랜드가 선명하게 새겨진 검은색 점퍼를 똑같이 입은 학생들을 여러 번 본 적이 있어. 군대 제복 같아서 처음에는 군인들인 줄 알았지 뭐니.

지금도 인기 있지만 그때는 진짜 엄청 났어요. 노스페이스를 안 입고 다니면 왠지 소외감이 들고, 친구들처럼 입지 않으면 안 될 것 같았거든요.

엄마 생각에는 친구들이 입으니까 너도 나도 따라서 입는 것 같아. 청소년기에는 아무래도 친구들을 서로 많이 따라 하잖아.

맞아요. 그런데 노스페이스 같은 경우에는 조금 심하다는 생각이 들 정도로 따라하는 현상이 심했어요.

그래. 그런데 그런 현상은 아빠가 학교 다닐 때에도 마찬가지였단다.

그래요?

그 당시에도 무슨 청바지, 운동화가 뜨면 다들 그 청바지와 운동화를 하나라도 장만하기 위해서 난리였어. 그때는 지금처럼 풍족하지 않았기 때문에 쉽게 구매하기도 어려워서 원하는 제품을 살 수 있다는 것만으로도 뿌듯했지.

아빠 때에도 그랬다니 신기한데요. 그때에도 같은 디자인의 같은 색깔의 제품을 모두 제복처럼 입고 다녔나요?

그 정도는 아니었어. 아빠가 보기에도 최근에 청소년 사이에 노스페이스의 인기는 이해하기 힘들 만큼 굉장했다고 본다.

저도 그게 늘 궁금했어요. 노스페이스라는 회사도 궁금하고요.

노스페이스는 등산을 무척 좋아했던 더글러스와 케네스라는 두 사람이 1966년 샌프란시스코에 등산용품 가게를 시작하면서 출발해. 이 가게는 고기능의 등산용품 그리고 배낭 등을 판매하면서 차츰 유명해졌어.

아, 그랬군요.

이후에는 등산의류와 장비를 직접 디자인하고 생산하게 되면서 본격적인 전문 아웃도어 브랜드로 성장하게 돼.

그런데 어떻게 유명해지게 된 거죠?

노스페이스는 전문 등산용품을 생산하고 판매하는 회사였기 때문에 위험이 도사리는 위험한 탐험 등에 장비를 지원하고 후원을 꾸준히 해왔어. 이러한 탐험은 성공할 확률이 그렇게 높지는 않았지만 그만큼 제품에 대한 자신이 있었기 때문에 가능했던 거야.

그렇게 후원을 하면 금전적으로 이익이 생기지는 않을 것 같은데요.

당장은 손해가 난다고 생각할 수도 있지만 멀리 내다보면 회사 입장에서도 손해는 아니야. 극한 상황에서 장비를 사용해보면 더 좋은 방향으로 개선할 수 있는 아이디어도 얻게 되고, 만약 탐험이 성공해서 TV나 신문에 나오게 된다면 노스페이스의 옷과 장비도 함께 나오니까 홍보효과도 매우 크지. 결국 일석이조인 셈이지.

아빠. 저도 산악등반이나 극지탐험에 성공한 사람들이 노스페이스 옷을 입고 있는 장면을 여러 번 본 것 같아요.

그럴 때는 어떤 생각이 드니?

저렇게 추운 지방에서도 견디는 걸 보면 정말 품질이 좋겠구나. 그런 생각이 자연스럽게 들던데요.

바로 그런 효과가 있기 때문에 장비를 지원하고 후원하는 거란다. 노스페이스는 전문 산악인들에게 특히 사랑받았는데 이제는 그 명성이 널리 알려져 일반인들이 좋아하는 브랜드가 되었지.

그런데 모두가 똑같이 입는 현상은 이해가 안 가요. 게다가 노스페이스 가격은 놀랄 만하거든요. 얼마나 비싼데요.

전문 산악인들을 위해 개발되고 고기능의 제품으로 발전하다보니까 아무래도 일반 제품보다 비쌀 수밖에 없는 점이 있단다. 아빠가 보기에도 청소년들이 쉽게 살 수 있는 가격은 아니라고 생각해. 그래서 한 때 뉴스에서는 몇 달치 학원비에 해당하는 노스페이스 잠바를 사달라는 아이들 때문에 부모님들이 힘들어 한다는 기사도 나왔었어.

입고 싶은 마음은 충분히 이해하는데 그건 좀 별로예요.

아빠도 소비는 현명하게 해야 한다고 생각한다. 특히 청소년 시기부터 소비에 올바른 기준을 갖지 못한다면 어른이 되어서도 남들이 사면 나도 사야한다는 욕망에 시달리게 돼.

 맞아요, 아빠. 제 주변에는 벌써 그런 친구들이 꽤 있어요. 멀쩡한 휴대폰이 있으면서도 새로 나온 제품이 있으면 바꾸고 보는 친구들. 자기네 아빠 승용차가 뭔지 서로 자랑하듯이 말하기도 하고, 집은 몇 평에 사는지 이야기하는 애들도 있어요.

그런 말을 하는 친구들을 보면 미래는 어떤 생각이 드니?

솔직히 자기가 벌어서 산 휴대폰도 아니고, 집도 차도 다 부모님 거잖아요. 말하는 걸 들어보면 마치 자신이 노력해서 얻은 것처럼 착각하는 것 같아요. 스스로 땀 흘려서 얻은 것이라면 자랑할 만도 하겠지만, 공짜로 얻은 것을 왜 자랑하는지 모르겠어요.

옳은 말이다. 땀 흘려 무엇인가를 얻게 되면 땀 흘려 노력한 경험은 내 삶을 튼튼하게 해주지만, 공짜로 얻게 되면 내가 땀 흘려 얻은 것이 아니기 때문에 잠깐 기분은 좋을지 몰라도 내 삶은 오히려 점점 나약해진단다.

맞아요. 멋진 휴대폰을 자랑하고 큰 집과 좋은 차를 탄다고 하는 애들도 다 행복하지는 않은 것 같아요.

어른들도 마찬가지란다. 소비라는 욕망은 끝이 없기 때문에 아무리 채워도 늘 허전하단다. 새로운 제품이 나오면 또 사고 싶고, 예전에 쓰던 제품에는 쉽게 싫증을 내고 그런 일이 반복되어 습관이 되면 문제는 더 심각해지지.

습관이 되어 버리면 어느 새 돈이 다 떨어져서 가난하게 살 수도 있겠네요.

물론이란다. 그뿐 아니라 마음도 가난해질 수 있어.

아빠! 앞으로 저는 소비라는 욕망을 채우지 않고, 그 돈으로 책을 사서 마음의 곳간을 채울래요. 그래야 미래에 돈도 많고 마음도 풍족한 진짜 부자가 되지 않을까요?

하하, 미래가 어른처럼 말하니까 아빠가 고맙네. 그래 네 말이 맞다. 소비는 나쁜 것이 아니지만 소비라는 욕망의 노예가 되는 것은 분명 나쁘고 슬픈 일이란다.

예. 이제 아무리 주변에서 마케팅으로 저를 유혹해도 절대로 흔들리지 않을 거예요. 이제는 마케팅의 기본전략을 다 알았기 때문에 저는 마케팅에 절대로 안 넘어가요.

그래? 그런데 미래야. 네 방에 있는 처음 보는 저 예쁜 방석은 또 뭐니.

저거요? 문구점에서 세일한다고 해서 하나 샀어요. 어차피 하나 바꿔야 하는데 잘 됐죠. 가격도 반값이던데요.

그럼 문구점의 마케팅에 미래가 흔들린 거 아닌가?

헐!

대박!

하하하!

하하하하하!

 호호호호!

---

노스페이스는 영문 뜻 그대로 북쪽 벽을 의미한다. 좀 더 정확히 말하면 직각에 가까운 가파른 경사의 알프스 북벽을 말한다. 가장 춥고 혹독한 지역적 특성을 갖는 곳이 바로 북벽(노스페이스)이기 때문에 그렇게 이름지었다. 노스페이스는 등산을 무척 좋아했던 더글러스 톰킨스(Douglas Tompkins)와 케네스 합 클롭(Kenneth Hap Klopp)이라는 두 사람이 1966년 샌프란시스코에 등산용품 가게를 시작하면서 출발한다. 이 가게는 고기능의 등산용품 그리고 배낭 등을 판매하면서 차츰 유명해졌고 1968년부터 노스페이스로 알려지기 시작한다. 이때부터 직접 디자인과 생산을 하면서 본격적인 전문 아웃도어 브랜드로 성장하게 된다.

1960년대부터 모험가들에게 지속적인 후원을 하면서 많은 마니아층을 형성하게 되고 '멈추지 않는 탐험(Never Stop Exploring)'이라는 정신이 확고해진다.

1980년대에는 스키복을 개발하여 판매하기 시작하고, 1990년대에 들어서는 아웃도어를 즐기는 모든 사람들을 대상으로 사업을 확대한다. 현재 세계 최고 수준의 아웃도어 브랜드로 성장했다.

(출처: www.thenorthface.com )

청소년의 꿈과 성장을 위해
마케팅 활용하기

아빠와 재미있게 마케팅 공부를 마친 미래는 고민에 빠진다. 아빠가 마지막으로 장래의 꿈과 성장을 위해 마케팅을 어떻게 활용하면 좋을지 아이디어를 짜보라는 숙제를 냈기 때문이다. 골똘히 생각해봐도 뾰족한 아이디어가 떠오르지 않는다. 마케팅을 청소년의 꿈과 성장을 위해 어떻게 활용한다는 말인가?

 미래야. 아빠가 내준 숙제는 잘 생각해봤니?

 글쎄요. 뾰족한 아이디어가 떠오르지 않아요. 마케팅의 의미와 다양한 사례를 살펴봤기 때문에 이제 마케팅에 대해서는 어느 정도 안다고 생각했어요.

 그런데?

 그런데 막상 장래의 꿈과 성장을 위해 마케팅을 어떻게 활용해야 할지에 대해서는 시원시원하게 아이디어가 안 나오네요.

 그럼 아빠랑 차근차근 생각해보자.

좋아요, 아빠!

미래는 앞으로 어떤 직업을 갖고 싶니?

몇 가지가 있기는 하지만 아직은 막연해요. 꿈이 이루어질지도 모르겠고 자신이 없는 것도 많아요.

자신이 없다는 것은 아직 미래 스스로 나는 어떤 사람이고 어떤 재능을 가졌는지 모르기 때문일 수도 있어.

맞아요. 인정하고 싶지는 않지만 제가 어느 정도까지 할 수 있을지 어떤 길을 가야할 지 확신이 서지 않아요.

마케팅의 첫 단추는 무엇이라고 했지?

시장조사요!

그럼 먼저 시장조사를 해보렴.

시장조사요?

그래. 네 또래의 친구들은 어떤 꿈을 갖고 있고, 그 꿈을 이루기 위해서 어떤 노력들을 하고 있는지 대화를 나누어 보는 거야. 그러면 너의 현주소를 어느 정도는 알 수 있지 않을까?

그러네요. 그 다음은요?

니즈를 파악해야지. 미래의 내면에 있는 진정한 니즈 말이다. 네가 진정 원하는 꿈이나 하고 싶은 미래의 직업을 발견해야 하겠지. 잠깐 여기서 질문! 그렇다면 어떻게 발견해야 할까?

당연히 관찰을 통해서 아닐까요? 제 자신에 대해서 심사숙고하고 되돌아보면서 제 안에 있는 니즈를 발견해야 한다고 생각해요.

그렇지! 그럼 지금 네 안에 있는 니즈를 한 번 떠올려보렴.

아직은 막연하지만 경영학을 공부해서 사업가가 되고 싶어요. 하지만 처음에는 회사에 들어가야 할 것 같아요. 이왕이면 국제무역을 하는 사람이 되고 싶어요.

우와! 미래가 니즈를 발견하기 위해서 오랫동안 고민한 흔적이 보이는데?

사실 고민은 늘 해왔거든요.

자! 그렇게 니즈를 파악했다면 그 다음에는 어떤 것이 필요할까?

열심히 해야죠.

너무 막연하지 않니? 열심히 하는 사람은 너무 많잖아. 그리고 미래와 비슷한 꿈과 목표를 가진 친구들이 많을지 몰라.

저 알 것 같아요. 차별화를 해야 하는 거죠? 비슷한 꿈을 꾸는 친구들이 많다면 저만이 지닌 장점을 개발해서 차별화를 해야 한다고 봐요.

좋았어. 그렇게 차별화를 시도하고 성장하다 보면 결국 너만의 브랜드가 형성되겠지?

그러네요. 브랜드는 특별한 가치를 지니게 해주니까요.

그렇다면 어떤 방법으로 너의 브랜드 가치를 높일 생각이니?

촉진 전략을 잘해야 될 것 같아요. 저를 알려야 하잖아요. 그러면 남들과 차별화가 되고 저의 브랜드가 생긴다고 봐요.

좋은 생각이다. 어떤 촉진 전략을 고민해야 할까?

포인트나 쿠폰을 줄 수도 없고…….

하하! 녀석 그건 상품에 해당하는 것이지.

홍보를 선택할래요. 제가 TV나 신문에 나온다면 저는 남들과 차별화될 것이기 때문에 브랜드가 생길 거예요.

혹시 엄마 말 안 듣기로 1등 해서 신문에 나오면 어떻게 하지?

아빠! 정말 그러시기예요. 저도 다 생각이 있다고요. 저는 대학에서 경영학을 전공하면서 밤에는 공부하고 싶어 하는 사람들에게 무료봉사를 하고 싶어요.

정말? 야~, 이거 감동이네. 미래가 야학 교사가 되고 싶다는 말이지?

예, 전 정말 그러고 싶어요. 야간학교 선생님이 돼서 학생들이 꿈을 이어나가는데 도움을 주고 싶어요. 그래서 많은 사람들이 학업을 더 이어가거나 희망을 계속 키워나갔으면 좋겠어요.

참 대견하다. 아빠보다 생각이 깊어서 놀랐어.

그 다음이 중요해요. 그래서 저는 책을 쓰고 싶어요. 야간학교를 통해 꿈을 이어가고, 소망을 현실로 만든 사람들과 함께 책을 써서 더 많은 사람들이 희망을 갖게 하고 싶어요.

와! 그 정도면 정말 신문에 나오겠는 걸?

아빠. 그 다음에는 제가 고가정책을 써도 될까요? 브랜드가 생겼으니까 고가정책을 써도 되지 않을까요?

하하, 그 녀석.

농담이에요, 하하.

---

시장조사(나의 현주소 점검) → 니즈 파악(꿈 발견) →
차별화(장점 개발 ) → 브랜드 형성(가치, 성장)

↓

홍보(성과, 업적)

# 지금 이 글을 마주하고 있을
# 소중한 청소년 여러분들에게

자, 어떤가요? 마케팅은 참 흥미롭고 매력이 넘치지 않나요?

이제 마케팅에 대해 예전보다 더 많은 이해를 하고 있을 여러분들을 생각하니 참 행복합니다. 아무리 꼭꼭 숨어도 마케팅은 늘 우리 곁에 있다는 현실이 이제는 낯설지 않습니다. 우리는 매일 마케팅을 접하고 있고, 알게 모르게 마케팅 전략에 마음을 빼앗기고 있습니다.

이런 마케팅 세상 속에서 우리는 흔들리지 않는 현명한 소비자가 되어야 할 것입니다. 마케팅은 흥미롭고 소비 또한 좋은 것이지만 소비의 노예가 되는 것은 우리의 삶을 건강하지 못하게 하기 때문입니다. 나아가 마케팅을 활용해 더 크게 성장하며 여러분의 꿈을 차근차근 이루어 갔으면 합니다.

많은 기업들, 많은 상품들, 많은 사람들이 자신이 최고라고 떠드는 세상에 우리는 살고 있습니다. 그러나 진정한 최고는 현란한 방법과 눈속임이 아닌 차별화를 통해 남다른 가치를 만들어 낸 기업과 상품 그리고 사람들입니다.

세상은 여러분을 향해 열려 있습니다. 스스로 남다른 가치를 만들어 내며 더 크게 성장하는 것이 최고의 마케팅이라는 것을 항상 기억하시기 바랍니다.

여러분의 꿈과 발전을 응원하는
저자 심 윤 섭